AF344054

V

NOTES ET DOCUMENTS

SUR TROIS

FAIENCERIES LIBOURNAISES

DU XVIIIᵉ SIÈCLE

(LIBOURNE. — FRONSAC. — LUSSAC)

PAR

ERNEST LABADIE

Membre de la Société des Archives historiques de la Gironde

MACON

PROTAT FRÈRES, IMPRIMEURS

1909

NOTES ET DOCUMENTS

SUR TROIS

FAIENCERIES LIBOURNAISES

DU XVIIIᵉ SIÈCLE

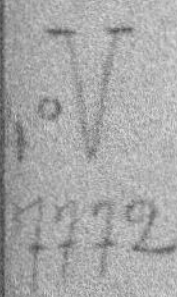

OUVRAGES DU MÊME AUTEUR

DOCUMENTS POUR SERVIR A L'HISTOIRE DE LA CÉRAMIQUE
DANS LE SUD-OUEST DE LA FRANCE

I. — Lettres sur la Céramique : Correspondance de Jacques Hustin, faïencier bordelais (1715-1720), Bordeaux, 1904, in-8.

II. — Le Pharmacien bordelais Marc-Hilaire Vilaris et la découverte du premier gisement de kaolin en France (1766-1768). *Revue philomathique de Bordeaux*, 1907. (Tirage à part.)

III. — Notes et Documents sur quelques Faïenceries et Porcelaineries de la Gascogne au xviii⁰ siècle (Samadet, Bayonne, Saint-Maurice et Ligardes : Dax, Ciboure et Pontenx). *Revue de Gascogne*, 1907-1908. (Tirage à part.)

IV. — Notes et Documents sur quelques faïenceries de l'Agenais et du Bazadais. *Revue de l'Agenais*, 1907. (Tirage à part.)

EN PRÉPARATION

VI. — Notes et Documents sur trois faïenceries du Bordelais au xviii⁰ siècle (Lignan, Sadirac et Podensac).

VII. — Notes et Documents sur quelques faïenceries du Périgord au xviii⁰ siècle.

VIII. — Une Manufacture de faïence fine ou terre de pipe à Blanquefort, près Bordeaux (1830-1835).

IX. — Une Manufacture de porcelaine à Bordeaux sous Louis XVI.

X. — Histoire des faïences bordelaises des xviii⁰ et xix⁰ siècles.

Bertrand, pinx. et lithr. vers 1840.

LIBOURNE. — Les Anciennes Verreries et Faïencerie du XVIIIᵉ Siècle

Place de la Verrerie

X

NOTES ET DOCUMENTS

SUR TROIS

FAÏENCERIES LIBOURNAISES

DU XVIIIᵉ SIÈCLE

(LIBOURNE. — FRONSAC. — LUSSAC)

PAR

Ernest LABADIE

Membre de la Société des Archives historiques de la Gironde.

MACON

PROTAT FRÈRES, IMPRIMEURS

1909

LIBOURNE — LES ANCIENNES VERRERIE ET FAÏENCERIE DU XVIIIᵉ SIÈCLE

PLACE DE LA VERRERIE

V

NOTES ET DOCUMENTS

SUR TROIS

FAÏENCERIES LIBOURNAISES

DU XVIIIᵉ SIÈCLE

(LIBOURNE. — FRONSAC. — LUSSAC)

PAR

ERNEST LABADIE

Membre de la Société des Archives historiques de la Gironde.

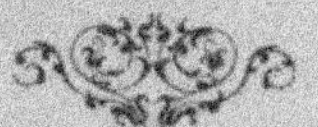

MACON

PROTAT FRÈRES, IMPRIMEURS

1909

AVANT-PROPOS

Les auteurs qui ont écrit dans de très beaux livres l'histoire des faïences françaises au xviie et au xviiie siècle, n'ont guère parlé que des grandes fabriques qui ont produit des faïences artistiques, mais ils ont ignoré ou dans tous les cas ils n'ont pas signalé certains ateliers de second ordre dont les produits n'offrent pas, il est vrai, un bien grand intérêt au point de vue purement céramique, mais qui méritent d'être connus pour étudier l'industrie provinciale à cette époque, les arts et manufactures, comme on disait alors, et la vie domestique de nos ancêtres dans les siècles passés.

Dans la seconde moitié du xviiie siècle, alors que les grandes manufactures de faïence, comme celles de Nevers et de Rouen, pour ne citer que les plus célèbres, ne fabriquaient plus que du commun pour pouvoir satisfaire à la grande consommation qui se faisait à cette époque de faïences à usage domestique, et pour lutter contre la concurrence de deux nouveaux produits céramiques, la porcelaine dure qui ne se fabriqua en France que du jour où le pharmacien bordelais, Marc-Hilaire Vilaris, eut reconnu le célèbre gisement de kaolin de Saint-Yrieix en Limousin, c'est-à-dire vers 1770 [1], et les faïences fines ou terres de pipe dont l'Angleterre inondait le continent, à ce moment il se créa des fabriques de faïence dans chaque province et on peut dire que tout centre un peu important eut sa faïencerie, comme il avait ses ateliers de poterie, de tuilerie et de verrerie.

Ainsi à Bordeaux, qui posséda la première manufacture de faïence

---

1. *Le pharmacien bordelais Marc-Hilaire Vilaris et la découverte du premier gisement de kaolin en France en 1768*, par Ern. LABADIE, Bordeaux, 1908, in-8, avec portr.

du Sud-Ouest, dès le commencement du xviiᵉ siècle, on vit surgir à l'expiration du privilège des Hustin [1], propriétaires de cet établissement important, plusieurs ateliers créés par des ouvriers sortis de la fabrique du faubourg Saint-Seurin. Cette faïencerie est bien connue et elle l'est même un peu trop, car pour les amateurs-collectionneurs comme pour les marchands d'antiquités, toutes les anciennes faïences bordelaises ont été fabriquées par Hustin; ils ignorent complètement qu'au moment où la Révolution éclata il y avait à Bordeaux huit faïenceries et que celle de Hustin n'existait plus.

C'est en faisant dans nos archives publiques des recherches sur ces différentes faïenceries bordelaises du xviiiᵉ siècle, dont nous comptons pouvoir un jour écrire l'histoire, que nous avons mis la main sur de nombreux documents concernant plusieurs ateliers céramiques inconnus de cette vaste région du Sud-Ouest composant autrefois la Généralité de Bordeaux, les deux provinces presque tout entières de Guyenne et Gascogne, et c'est ainsi que nous avons pu publier dans la *Revue de Gascogne*, en 1907-1908, huit articles de Notes et Documents sur quelques faïenceries et porcelaineries de la Gascogne au xviiiᵉ siècle (Samadet, Bayonne, Saint-Maurice et Ligardes, Dax, Ciboure et Pontenx), et dans la *Revue de l'Agenais*, en 1907, deux articles de Notes et Documents sur quelques anciennes faïenceries de l'Agenais et du Bazadais (Sainte-Foy-la-Grande, Nérac, Monsempron et Saint-Savin, Bazas et Meilhan). Nous préparons un travail analogue sur les faïenceries du Périgord au xviiiᵉ siècle.

Dans l'ancien Bordelais, en dehors de Bordeaux, il y eut, avant la Révolution, des ateliers qui sont presque totalement ignorés. Nous venons faire connaître aujourd'hui trois fabriques qui ont existé dans le Libournais au xviiiᵉ siècle, à Libourne, à Fronsac et à Lussac; nous pourrons plus tard donner quelques notes historiques sur les faïenceries de Lignan, de Sadirac et de Podensac, tout aussi inconnues que celles du Libournais.

1. Dʳ AZAM, *Les anciennes faïences de Bordeaux*, Bordeaux, 1878-1880, in-8, avec pl. — *Lettres sur la céramique: Correspondance de Jacques Hustin, faïencier bordelais (1715-1720)*, publiée par ERN. LABADIE, Bordeaux, 1904, in-8.

Malheureusement nous ne pouvons fournir pour le moment sur ces ateliers du Libournais que des documents et des notes historiques qui vont établir pour la première fois l'existence de ces fabriques, et il nous sera impossible de faire connaître les faïences sorties de leurs fours : c'est le cas des produits de beaucoup de ces ateliers de second ordre et qu'on ne peut identifier même dans les pays de production. Chez les habitants, dans les anciennes familles et même chez les collectionneurs où on espère pouvoir rencontrer quelques spécimens — car la moindre bourgade a aujourd'hui son collectionneur — on vous montre bien des faïences suspendues aux murs de la salle à manger, qu'on vous présente, de la meilleure foi du monde, pour des pièces authentiques de fabrication locale, « on les a toujours vues là », et la plupart du temps ce n'est que du Rouen ou du Moustiers communs, ou dans la région bordelaise, du Bordeaux ou du Samadet.

Pour ce qui concerne Libourne, c'est en vain que, dans les fréquents voyages que nous y faisons, nous avons cherché à découvrir quelques pièces de faïence qu'on pourrait attribuer à la manufacture de la place de la Verrerie. Les Libournais ignorent complètement que leur ville a possédé au XVIII⁰ siècle une faïencerie, ils n'en ont jamais entendu parler et notre travail va être, pour quelques-uns d'entre eux qui s'intéressent à l'histoire de leur pays, une véritable révélation. Il nous a été cependant permis d'examiner quelques assiettes qu'on peut attribuer, à la rigueur, à cette fabrique ; nous en parlerons en temps voulu. Quant aux ateliers de Fronsac et de Lussac, nous avons pris la peine de parcourir ces deux communes et nous n'y avons pas aperçu l'ombre d'une pièce de céramique quelconque.

Il faut espérer que la publication de ces notes et documents attirera l'attention de quelques collectionneurs du Libournais, qu'ils seront plus heureux que nous et qu'ils pourront mettre la main sur quelques échantillons des produits céramiques de leur région.

Nous avons pu rédiger cette notice historique sur les faïenceries de Libourne, de Fronsac et de Lussac, grâce à une soixantaine de documents inédits que nous avons découverts aux archives départementales de la Gironde, série C (Intendance) et série G (fonds de l'Archevêché), aux archives nationales, série F¹² (Conseil du Commerce), aux archives municipales de Libourne, série BB (registres des délibérations de la Jurade), dans quelques minutes de notaires de Bordeaux et enfin dans quelques anciens registres paroissiaux de Bordeaux, de Libourne et de Toulouse.

Nous avons transcrit ces documents d'archives et nous les avons communiqués à la Société des Archives historiques de la Gironde dont nous faisons partie, et qui les a publiés dans son tome XLIII (1908). Nous en avons fait faire un tirage à part que nous plaçons à la suite de cette notice comme pièces justificatives auxquelles nous renverrons dans le courant de notre travail.

Ern. L.

Bordeaux, 15 février 1909.

NOTES ET DOCUMENTS

SUR TROIS

FAÏENCERIES LIBOURNAISES DU XVIIIᵉ SIÈCLE

(Libourne, Fronsac et Lussac).

---

§ I. — FAÏENCERIE DE LIBOURNE (1760-1770).

La faïencerie de Libourne fut créée en 1760 par un riche négociant bordelais, Jacques-Philippe Vande Brande, qui avait déjà établi dans cette ville, en 1749, une importante verrerie.

On sait que Libourne était une ville très commerçante au XVIIIᵉ siècle, comme elle l'est encore de nos jours, et qu'elle expédiait directement, par la Dordogne, dans les pays étrangers et dans les colonies, les vins renommés du Libournais, du Fronsadais, de Saint-Émilion et de Pomerol. On va voir qu'elle expédiait aussi des faïences jusqu'en Amérique.

La manufacture de Libourne a été déjà signalée, mais d'une manière très sommaire, par les deux historiens de cette ville, Souffrain et Guinodie, qui n'ont pas cru devoir utiliser les documents qu'ils avaient sous les yeux dans les registres de délibération de la Jurade Libournaise, registres dans lesquels ils ont cependant abondamment puisé pour rédiger d'autres parties de leur ouvrage.

Souffrain a écrit dans ses excellents *Essais sur Libourne*, en 1806 :

Les faubourgs de cette ville ne sont pas nombreux, mais il en est deux assez considérables ; le premier et le plus ancien est celui des Fontaines, étendu, fort peuplé et à l'entrée duquel sont deux beaux édifices que le sieur Vandebrande et le sieur Tastet, bourgeois de Bordeaux, avaient fait construire pour y établir une verrerie et une fayencerie. Ces édifices, acquis par le sieur Jean Fourcaud, riche négociant, sont aujourd'hui sans manufacture. La fayencerie tomba la première, faute de moyens d'exportation et de proportion entre les frais et les profits. La verrerie, qualifiée royale par lettres patentes de Louis XV, s'est soutenue longtemps d'une manière assez florissante. Mais la cherté des charbons et de la main-d'œuvre, l'importation à Libourne d'une grande quantité de bouteilles de Dunkerque qui se donnaient à plus bas prix, l'intérêt trop élevé de l'argent, la situation critique des colonies, la stagnation totale du commerce qui exportait beaucoup de vins en bouteilles, ont paralysé cette manufacture qui resta absolument éteinte, jusqu'à ce que des tems moins orageux permettent de la faire revivre.

D'un autre côté, on lit dans l'*Histoire de Libourne* de Guinodie [1] :

Pierre Tastet se mit donc à l'œuvre pour bâtir à grands frais, au couchant de la verrerie, un édifice non moins grand ; son entreprise tourna à pure perte, faute de moyens d'exportation, et encore plus par les frais de fabrique ; puis les matières premières étaient tirées de lieux éloignés... Ce faïencier se ruina et créa des embarras à la Commune.

Et dans le second volume de son histoire Guinodie dit encore au sujet de cette fabrique :

C'est la construction des édifices de la verrerie et de la faïencerie qui a donné lieu à l'agrandissement du faubourg des Fontaines qui prit son nom des fontaines ou lavoirs qui y sont situés. Le terrain sur lequel ont été édifiés ces deux établissements dépendait du Fourat, vaste champ, dont le nom en langue celtique signifie *trou*. L'extrémité ouest de ce champ et proche des murs de ville servait de dépôt au lest des navires ; les fossés de ville de ce côté furent comblés après 1738. Les Jurats acquirent en 1734 de Souchet, teinturier, la partie du Fourat pour y établir le marché au bétail (Jurade, mars-août 1734). La verrerie et la faïencerie repoussèrent, contre le gré des Jurats, ce marché à la porte de Guîtres, il s'étendit sur les allées de Tourny et les grandes allées. Cent cinquante ans avant la possession entière du Fourat par les Jurats, on éprouvait sur ce champ les canons qu'on envoyait du Périgord et de la Saintonge. Aussi nomma-t-on alternativement ce champ celui des épreuves ou des preuves, et Fourat : ce nom ancien a toujours prévalu.

J.-Ph. Vande Brande était d'origine hollandaise, comme l'indique son nom qui était primitivement Van den Branden, mais comme dans les documents que nous avons utilisés pour cette notice il signe toujours Vande Brande, c'est cette orthographe que nous adopterons.

1. *Libourne*, 1845, 2 vol. in-8. T. I, p. 335 et t. II, p. 99. — 2ᵉ édition, *Libourne*, 1876, 3 vol. in-8.

Sa famille dut venir s'établir à Bordeaux vers le milieu du xviiᵉ siècle, car nous n'avons rencontré son nom dans les registres paroissiaux de la ville que depuis cette époque. Il était né le 20 décembre 1722, et nous allons transcrire ici son acte de baptême relevé par nous sur les registres baptistaires de la cathédrale Saint-André, parce qu'il va nous donner les noms de ses père et mère et même celui de son grand-père :

Du mardy, 22 décembre 1722. Baptême de Jacques Philippe, fils de François Vandebranden (*sic*) bourgeois de Bordeaux, et de demoiselle Angélique Saige, paroisse Saint-Rémy. Né le 20 de ce mois. Parrain, Philippe Van den Branden (*sic*), aïeul ; marraine, Angélique Lassus de Saige. [1]

C'est en 1670 que nous avons rencontré pour la première fois le nom de Van den Branden à Bordeaux. Cette année-là, un Philippe Van den Branden épousa le 23 juillet en l'église Saint-Michel une demoiselle Agnès Vandembetquembre ! (*sic*) [2]. Ce dernier nom est bien bizarre, on en conviendra, et on va voir avec quelle négligence les personnes chargées de rédiger ou de transcrire les actes d'état civil s'acquittent de cette partie de leurs fonctions et combien il est difficile parfois pour l'érudit d'identifier les noms patronymiques anciens. Les deux premiers enfants issus de ce mariage ont été baptisés à Libourne dans l'église Saint-Jean-Baptiste en 1673 et 1676 et sur les registres baptistaires de cette église la mère est appelée Van den Barguembos (*sic*) [3] ! Les autres enfants de Philippe Van den Branden sont tous baptisés ensuite dans l'église Saint-André de Bordeaux, — il en eut dix de 1678 à 1692, ce qui lui faisait la douzaine avec les deux baptisés à Libourne [4] — et dans chaque acte on donne à la mère un nom différent plus ou moins barbare. Cependant dans le premier de

---

1. Archives municipales de Bordeaux, GG, 69-1449.

2. Il y a pour cette époque une lacune dans la série des registres paroissiaux de Saint-Rémy, aux Archives de la ville de Bordeaux, et ce n'est que dans un répertoire ancien qui a été conservé que nous avons pu relever ce mariage.

3. Registres paroissiaux de l'église Saint-Jean de Libourne (Archives de la ville) : 26 septembre 1673, baptême de Jean-Baptiste et 5 mai 1676, baptême de Jean Henry.

4. Reg. baptistaires de la cathédrale Saint-André de Bordeaux, Archives de la ville, GG.

ces actes du registre de la cathédrale Saint-André de Bordeaux [1] elle est nommée Agnès Van den Bergenbos ou bosc, et grâce à cette orthographe un peu moins hiéroglyphique que les autres, nous avons pu reconstituer le véritable nom de demoiselle de madame Van den Branden qui était certainement Van den Bergen, ce qui signifie en hollandais, comme en allemand, des Montagnes, nom auquel on avait ajouté celui de Bosc qui appartient à une ancienne famille bordelaise à laquelle les Van den Bergen s'étaient sans doute alliés.

Philippe Van den Branden avait donc épousé le 23 juillet 1670, en l'église Saint-Rémy de Bordeaux, Agnès Van den Bergen-Bosc et ses deux premiers enfants ayant été baptisés à Libourne, nous pouvons en conclure qu'à cette époque il habitait cette ville et que sa famille s'y était d'abord établie avant de venir se fixer à Bordeaux. Et ce qui confirme cette hypothèse, c'est que celui qui tient sur les fonts baptismaux le premier enfant né à Libourne en 1673, en remplacement du parrain, Jean-Baptiste Vande Brande, le grand-père absent, habitant encore la Hollande peut-être, est un sieur Mathieu Fontémoing, nom d'une ancienne famille de négociants Libournais, existante encore et qui a eu de tout temps des relations commerciales avec les Pays-Bas où les vins du Libournais ont toujours été et sont encore très recherchés. On peut alors supposer que Philippe Vande Brande vint à Libourne vers 1670 pour y apprendre le commerce des vins, comme commis dans la maison Fontémoing, et qu'après s'être marié à Bordeaux et avoir eu deux enfants à Libourne, il alla se fixer dans la première ville où son mariage lui avait créé des relations et lui avait peut-être fourni les moyens de fonder une maison de commerce. C'est ainsi qu'ont débuté beaucoup de négociants bordelais d'origine allemande ou hollandaise, qui, venus à Bordeaux comme simples employés, y ont fondé des comptoirs devenus plus tard très importants.

Les Vande Brande avaient-ils conservé à Libourne des intérêts, y avaient-ils laissé des parents? C'est ce que nous ignorons. Mais ce

1. 2 novembre 1678, baptême de Jacques.

qu'il y a de sûr, c'est qu'après 1676 nous ne trouvons plus leur nom à Libourne dans les documents que nous avons consultés, sur les registres paroissiaux notamment, tandis que nous avons relevé sur ceux de Bordeaux tous leurs actes d'état civil, baptêmes, mariages et décès et ce n'est qu'en 1749 que nous les retrouvons à Libourne, lorsque Jacques-Philippe vint y créer sa verrerie. Mais jusqu'à cette époque et longtemps après les Vande Brande furent surtout des négociants bordelais.

Ils habitaient le faubourg des Chartrons qui faisait partie jusqu'à la Révolution de la paroisse Saint-Rémy, dont la vieille église existe encore désaffectée dans la rue Jouannet. Cette paroisse était très étendue au xviiie siècle, elle comprenait le quartier de la Douane, de la Bourse et du Chapeau-Rouge et allait jusqu'au fond des Chartrons coupée en deux par la vaste forteresse du Château-Trompette qui occupait l'emplacement de l'esplanade actuelle des Quinconces. Et comme il n'y avait alors que trois églises qui eussent des baptistaires, celles de Sainte-Croix, Saint-André et Saint-Seurin, les habitants des Chartrons étaient obligés d'aller faire établir leurs actes d'état civil, qui à cette époque n'étaient que religieux, quelques-uns à l'église Saint-Seurin, la plus rapprochée de leur quartier, mais la plupart à Saint-Rémy pour les mariages et les décès et à la cathédrale Saint-André pour les baptêmes. C'est pour cela que pendant tout le xviiie siècle nous avons trouvé dans les registres de ces deux paroisses tous les actes religieux concernant les Vande Brande, ce qui prouve qu'ils habitaient Bordeaux et non Libourne, même après la création de leur verrerie et de leur faïencerie dans cette ville.

Le faubourg des Chartrons était au xviiie siècle le quartier où les négociants en vin d'origine étrangère, Anglais, Allemands et Hollandais, avaient leurs comptoirs et leurs chais. Leur commerce consistait surtout à expédier dans leurs pays les vins du Bordelais et les navires qui devaient transporter ces vins dans le Nord venaient mouiller le long des rives des Chartrons, et c'est ce qui donna à ce faubourg une très grande importance commerciale.

Les autres négociants bordelais occupaient le quartier où les négociants en vin avaient leurs chais, dans les rues de la Fusterie et Carpenteyre, et jusqu'à Sainte-Croix où étaient surtout les constructeurs de navires, et les commerçants en denrées coloniales étaient confinés dans la partie de ce quartier appelée La Rousselle, dans les rues Neuve, Renière et Bouquière et c'est devant cette section du port située devant les paroisses Saint-Michel et Saint-Pierre, et dont la place Bourgogne était le centre, que venaient mouiller les navires faisant les voyages au long cours des Antilles, de Terre-Neuve et des échelles du Levant. Plus tard, vers le milieu du xviiie siècle, lorsque les beaux quartiers de la place Royale, aujourd'hui place de la Bourse et du Chapeau-Rouge, eurent été achevés, les négociants de Saint-Michel se rapprochèrent de ces nouveaux quartiers, et la place Royale était à la fin du xviiie siècle le nouveau centre du commerce bordelais, le faubourg des Chartrons restant toujours le quartier des négociants étrangers.

Mais tout changea au commencement du xixe siècle lorsqu'on eut construit le magnifique pont de pierre devant la place Bourgogne, et qu'on eut rasé la forteresse du Château-Trompette et établi à la place la vaste esplanade des Quinconces, c'est-à-dire vers 1820. La grande navigation dut s'arrêter en aval du nouveau pont sur la Garonne, le quartier Saint-Michel fut abandonné par les négociants en vin qui se transportèrent tous aux Chartrons devenus ainsi le quartier du grand commerce bordelais, et la place des Quinconces avec ses colonnes rostrales fut de ce jour le centre du négoce et de la navigation comme elle l'est encore aujourd'hui.

Enfin, sous le second Empire, l'établissement de la gare des chemins de fer du Midi dans le faubourg Sainte-Croix créa dans ce quartier un nouveau centre d'affaires : les négociants qui recevaient les gros vins du Languedoc et du Roussillon par les nouvelles lignes de ces chemins de fer construisirent des entrepôts dans le faubourg de Paludate jusqu'au pont de Brienne. Quant au vieux quartier de Saint-Michel il fut de plus en plus abandonné, la Rousselle n'eut plus que le commerce assez important encore de Terre-Neuve, l'importation de la morue, et le commerce de demi-gros des denrées coloniales et de la droguerie. Mais depuis 1870 la Rousselle a pris sa revanche dans une branche qui n'a rien de commercial, c'est dans ce quartier aux rues étroites et sombres que se triture depuis une trentaine d'années la politique locale.

Les Vande Brande eurent dès l'origine et de père en fils leur maison de commerce aux Chartrons, et il y a encore de nos jours, près de la rue Barreyre, non loin de la place Picard, la rue Vandebrande, ouverte à une époque que nous ignorons sur l'emplacement occupé autrefois par les chais et comptoirs de ces négociants.

La famille Vande Brande occupait au XVIIIe siècle un rang assez élevé dans la société bordelaise commerciale et parlementaire, car nous l'avons trouvée alliée aux de Lassus, aux de Saige, aux de Paty et aux Duvivier. Nous n'avons pas l'intention de dresser ici la généalogie complète de cette famille, mais pour arriver jusqu'au fondateur de la faïencerie de Libourne qui fait l'objet principal de cette notice, nous sommes obligé de donner sommairement sa filiation avec le premier Vande Brande connu et dont nous venons de parler.

Philippe Vande Brande eut de sa femme Agnès Van den Bergen de nombreux enfants, mais nous n'avons à citer ici que son fils François, né en 1686 [1] et qui sera le père du propriétaire de la faïencerie de Libourne.

François Vande Brande épousa à Bordeaux le 9 février 1722, en l'église Saint-Michel, Angélique Saige, fille de Jean Saige, négociant bordelais [2] qui, lorsqu'il meurt en 1730, âgé de 77 ans, est qualifié « citoyen de cette ville, bourgeois et négociant, sindic de la paroisse Saint-Michel, veuf de demoiselle Angélique Lassus [3] ». Les Saige occupèrent pendant tout le XVIIIe siècle une très haute situation dans la société bordelaise, un Guillaume-Joseph de Saige était baron de Beautiran et de Laprade, seigneur de l'Isle Saint-Georges et de Saint-Médard et conseiller-secrétaire du roi vers 1740; c'était peut-être le

---

1. Né le 6 janvier. Reg. baptistaire de la cathédrale Saint-André de Bordeaux, Archives de la ville, GG.

2. Reg. paroissial de l'église Saint-Michel, Archives de la ville.

3. *Ibid.*

petit-fils ou le neveu de Jean Saige, le beau-frère de François Vande Brande. Un autre Saige, François-Arnaud, fils du précédent et portant les mêmes titres, fut avocat-général au parlement de Bordeaux en 1760 et démissionna en 1778. Il avait acquis une très grosse fortune qu'on estimait, lorsque la Révolution éclata, à dix millions, ce qui est peut-être exagéré, et c'est lui qui fit construire vers 1775 sur les plans de Louis, l'architecte du Grand-Théâtre, le splendide hôtel du cours du Chapeau-Rouge occupé de nos jours par les bureaux de la Préfecture. Il embrassa dès le début la cause de la Révolution, il appartint au parti des Girondins, et après avoir été deux fois maire de Bordeaux en 1791, il fut guillotiné le 23 octobre 1793, au commencement de la Terreur [1].

François Vande Brande eut lui aussi beaucoup d'enfants, de 1722 à 1731 [2], et il mourut en 1735 [3]. Un de ses enfants, Jacques-Philippe, né en 1722 — nous avons donné ci-dessus son acte de baptême — fut le créateur de la faïencerie de Libourne.

Jacques-Philippe Vande Brande, successeur de son père dans la maison de commerce des Chartrons, épousa vers 1745 Marie *alias* Antoinette Sansanné ou Sansané, née à Bordeaux, paroisse Saint-Michel, le 14 octobre 1719 [4], fille de Jacques *alias* Jean Sansané, marchand, et de Marianne Bonnard. La famille Sansané appartenait également au haut commerce bordelais et nous avons trouvé qu'en 1768 un Jean-Baptiste Sansané, fils de feue Marianne Bonnard, et par conséquent beau-frère de Philippe Vande Brande, avait un intérêt dans une verrerie du quartier de Paludate à Bordeaux, avec les sieurs Jean Boissière, écuyer, rue Raze-aux-Chartrons et Pierre Lespinasse, négociant, rue de la Rousselle [5]. On lit d'un autre côté dans l'*Histoire du Commerce de Bordeaux* de Th. Malvezin que « la veuve Mitchell,

---

1. *Statistique générale de la Gironde*, t. III (1889).

2. Reg. baptistaires de la cathédrale Saint-André de Bordeaux, Archives de la ville, GG.

3. Reg. paroissial de l'église Saint-Rémy, archives de la ville, GG.

4. Reg. baptistaire de l'église Sainte-Croix de Bordeaux, Archives de la ville, GG.

5. Acte du notaire bordelais Despiet du 4 juin 1768, dissolution de société, Contrôle des actes, Archives dép. de la Gironde, même date.

propriétaire de la verrerie des Chartrons, et le sieur Van den Brande, propriétaire de celle de Libourne, luttèrent contre un nouveau concurrent, le sieur Sansané, capitaine du corps, qui avait demandé, en 1751, d'établir une verrerie à Bordeaux même, dans le quartier de Paludate ».

Il y eut à Bordeaux au xviiie siècle plusieurs verreries. Une des plus importantes, et la plus ancienne, était celle qu'un Irlandais de Dublin du nom de Pierre Mitchell, prétendant avoir un secret pour la fabrication du verre à bouteilles [1] était venu établir au commencement du xviiie siècle, vers 1723, aux environs de Bordeaux, dans la paroisse d'Eysines, et qu'il transporta peu de temps après à l'entrée du faubourg des Chartrons : les rues de la Verrerie et Michel conservent encore le souvenir de cette importante fabrique qui fonctionna en cet endroit jusqu'en 1819, époque à laquelle les frères Mitchell la transportèrent quai de Bacalan. Un autre Mitchell établira en 1855 une seconde verrerie dans la rue Dupaty, aux Chartrons. Ces deux verreries existent encore de nos jours [2].

Les autres verreries bordelaises au xviiie siècle étaient celles d'abord de Paludate dans le faubourg de Sainte-Croix. Il y en avait deux ou trois dans ce quartier, celle de Lassabathie, à l'extrémité de ce faubourg, à l'estey Majou, celle de Saint-Hermès, aux Terres-de-Bordes, à Cambon, près la manufacture ou hospice des Enfants-Trouvés, qui appartint pendant un certain temps à un sieur Meynard ; c'est dans cette dernière verrerie que M. Sansané avait des intérêts, car en 1789 nous trouvons que cette fabrique est dirigée par un sieur Clamageran pour le compte de M. Sansané, et nous croyons qu'en

---

1. Il ne faut pas attacher une très grande importance au secret que prétendait posséder Pierre Mitchell, presque tous les industriels, patrons ou ouvriers, avaient à cette époque des secrets de fabrication, secrets qu'ils avaient copiés dans des livres d'alchimie et qui étaient comme celui de polichinelle, que tout le monde connaissait. Ainsi, lorsque Jacques Hustin demanda en 1714 l'autorisation d'établir à Bordeaux une manufacture de faïence, il fit valoir également qu'il possédait le secret pour fabriquer ce produit céramique.

2. *Statistique générale de la Gironde*, t. III (1889), et *Archives historiques de la Gironde*, t. XLI, *passim*.

1792 elle appartenait aux héritiers Blanc [1]. Enfin, il y avait encore deux ou trois verreries aux Chartrons et à Bacalan [2], trois ou quatre à Bazas et dans le Bazadais, une à Saint-Macaire, une autre à Bourg [3] et d'autres encore dans la région, dans la deuxième moitié du XVIIIᵉ siècle, à Biganos, Pauillac, Langon, Pressac, Villandraut, Saint-Symphorien et Castelnau-de-Cernès [4].

L'existence de toutes ces verreries dans le Bordelais et dans le Bazadais s'explique facilement par l'emploi du verre pour le principal produit du pays, bien que, écrit Th. Malvezin, « les vins de grande consommation à l'intérieur fussent d'ordinaire livrés et consommés en fûts, sauf quelques exceptions pour les vins de prix, et les vins pour l'étranger étaient aussi livrés en fûts ». Cependant, comme tous les privilèges accordés à tous ces verriers parlent de fabrication de verre à bouteille, nous croyons que vers le milieu du XVIIIᵉ siècle, on mettait déjà les vins de Bordeaux en bouteilles, soit pour les expédier au dehors, soit pour les faire vieillir sur place. Mais outre des bouteilles ces verriers pouvaient fabriquer d'autres objets comme du verre à vitre [5], des flacons pour les pharmaciens et des ustensiles de ménage comme gobelets, carafes [6], brocs, etc., et même quelques pièces de

1. *Almanach de Commerce, d'arts et métiers pour la Ville de Bordeaux*, 1779-1792, in-24.

2. Dans un rapport que l'Intendant de Bordeaux adressait le 29 mai 1788 au Contrôleur général relativement aux « bouches à feu » existantes dans la Généralité, il fait savoir qu'il y a dix verreries à Bordeaux, celle de Mitchell aux Chartrons, qui est très ancienne, et celles de Lignac, de Meynart à Bacalan, celle d'Opery aux Terres-de-Bordes, celles de Clamageran et de Lassabaty en Paludate ; ces cinq dernières fonctionnaient depuis 18 ou 20 ans.

3. C'est en 1726 qu'un allemand, Balthazar Fouberg, gentilhomme verrier de Würzbourg, obtint le privilège d'établir une verrerie à Bourg-sur-Gironde. En 1788 elle appartenait à un sieur Désobinaux.

4. Th. MALVEZIN, *Histoire du Commerce de Bordeaux*, 1892, t. III, p. 115 et suiv. — On trouve aux Archives de la Gironde, série C (fonds de l'ancienne Intendance), de nombreux documents sur toutes ces verreries du Bordelais et du Bazadais et c'est là que Th. Malvezin a puisé des renseignements mais sans donner les cotes d'archive.

5. C'est en 1656 seulement, dans la manufacture royale de Tourlaville près de Cherbourg, qu'on produisit, pour la première fois en France, des verres à vitre blancs. (GERSPACH, *L'art de la verrerie*, 1885.)

6. « En 1740, le sieur Thévenot du Vivier, gentilhomme verrier à Bordeaux, obtint la permission de fabriquer des carafons de verre blanc. Cette bouteille devait contenir une pinte, mesure de Paris, et peser 25 onces. » (TH. MALVEZIN, *op. cit.*).

fantaisie, des bibelots, comme on dirait de nos jours. On ne peut pas supposer qu'il sortait de ces ateliers des pièces artistiques comme à Venise, à Paris et dans le Nord, à Tourlaville près de Cherbourg ou dans la célèbre manufacture royale de Saint-Gobain en Picardie [1], mais on pouvait très bien y fabriquer quelques objets de fantaisie. Ainsi on peut voir au musée d'Agen de ces objets aux formes très originales et qui proviennent des verreries de l'Agenais et de la région au xviii siècle [2]. Quant aux glaces à miroir, c'était la manufacture de Saint-Gobain qui en avait le monopole [3].

Une autre raison pour laquelle de si nombreuses verreries ont pu fonctionner au xviii siècle à Bordeaux et dans la région, c'est qu'elles trouvaient sur les lieux mêmes les matières utiles à leur fabrication. Pour le chauffage des fours, le bois ne manquait pas. Nous savons bien que les Intendants et leurs subdélégués avaient l'ordre du ministre de veiller à ce que, dans les usines, dans les « bouches à feu », selon l'expression administrative du temps, on n'employât que le charbon de terre, le bois mort, et aussi les bois de pin, de bouleau et d'osier, les bois tendres en un mot, les bois durs étant réservés à la construction. Th. Malvezin dit bien que, en 1790, chacune des cinq verreries de Bordeaux consommait chaque année cinquante tonneaux de charbon anglais coûtant 480 livres et cinquante tonneaux de charbon de Cahors coûtant 277 livres [4]. Il était facile à ces verriers bordelais de recevoir des charbons d'Angleterre et du Quercy par mer et par la Garonne, mais les verriers de l'intérieur, ceux du Bazadais, par exemple, n'avaient pas les mêmes facilités, les transports étaient très

1. En 1693, cette manufacture établie d'abord à Paris en 1665 dans le faubourg Saint-Antoine fut transportée au château de Saint-Gobain, près de la Fère. (Gerspach, *op. cit.*)

2. Ces pièces curieuses proviennent de la collection de M. Gaston Sabatier qu'il nous a été permis d'examiner il y a quelques années chez sa veuve, à Agen, et qui a été décrite par M. Momméja, conservateur du musée de la ville : *Les verreries anciennes de la collection Gaston Sabatier*, *Revue de l'Agenais*, 1899, p. 481 et suiv., avec pl.

3. C'est en 1665, dans la manufacture établie cette année-là dans le faubourg Saint-Antoine à Paris, qu'on produisit pour la première fois en France « des glaces à miroir à la façon de Venise » et en 1688 on y inventa le coulage des glaces qui jusqu'alors étaient soufflées. (Gerspach, *op. cit.*).

4. *Hist. du commerce de Bordeaux*, *op. cit.*

chers à cette époque à cause du mauvais état des routes, et ils ne devaient pas se gêner pour enfreindre les règlements ministériels et prendre dans les immenses forêts des Landes le bois nécessaire au chauffage de leurs fours ; le bois de pin donne moins de calorique que le bois de chêne et autres bois durs, mais ils l'avaient en abondance et probablement à un prix très modéré et sans grands frais de transport. On peut donc dire qu'un des principaux éléments de leur industrie, le combustible, les verriers bordelais et bazadais l'avaient sous la main.

Les deux autres produits qui forment la base essentielle de la fabrication du verre, ces manufacturiers pouvaient se les procurer dans le pays même : le sable ou silice et les varechs et fougères dont les cendres donnent les matières fondantes, la soude et la potasse [1], abondent sur toutes les côtes de la Gascogne, de la Guyenne et de la Saintonge ; pour ces matières premières comme pour le combustible nos verriers n'étaient pas tributaires d'autres régions, et c'est ce qui explique, avec le débouché des produits, comme nous venons de l'indiquer, l'existence de nombreuses verreries au xviiie siècle dans la région du Bordelais, du Bazadais et des Landes.

Il n'a jamais été fait, que nous sachions, d'étude d'ensemble sur l'industrie du verre dans le Sud-Ouest de la France et il y aurait là des recherches très intéressantes à suivre pour faire connaître cette branche des Arts et Manufactures sur laquelle on trouve de nombreux documents inédits dans nos archives. Pour nous, nous n'avions qu'à effleurer le sujet pour arriver à dire quelques mots de la verrerie que M. Vande Brande établit à Libourne et qui l'amena à lui annexer une faïencerie quelque temps plus tard.

C'est en 1748 que M. Vande Brande adressa une demande au Conseil du Roi pour créer une verrerie à Libourne. Un arrêt du Conseil,

---

1. La composition du verre ordinaire depuis l'antiquité n'a pas changé et voici la formule que donne Gerspach, *op. cit.*, pour le verre moderne : silice, 68, chaux 7, soude 17, alumine 4. Pour les verres trouvés à Pompéi et dont de nombreux spécimens sont conservés au musée de Naples, voici le résultat des analyses : silice 69, chaux 7, soude 17, alumine 4 ; on voit qu'il n'y a pas une très grande différence entre ces deux formules.

en date du 26 juin 1748, donna l'autorisation nécessaire pour la délivrance de lettres patentes, mais la veuve Mitchell, propriétaire de la verrerie des Chartrons à Bordeaux, fit opposition à cet arrêt, prétextant que son privilège s'étendait jusqu'à Libourne. M. Vande Brande insista, le Conseil du Roi passa outre, un nouvel arrêt intervint le 26 août 1749 et le 26 octobre suivant, M. Vande Brande obtenait ses lettres patentes [1].

Ces lettres patentes accordaient au sieur Vande Brande les mêmes privilèges qu'aux autres verriers du royaume : il lui était permis de « faire construire des fourneaux et autres bâtiments nécessaires à une manufacture de verrerie sur le terrain qu'il achetera de gré à gré, hors de la ville de Libourne seulement et à une distance convenable pour que les habitants de ladite ville n'en soient pas incommodés, et de faire fabriquer dans ladite manufacture des cristaux, des verres, bouteilles et autres objets de verrerie à l'exception des glaces... [2]. Le privilège est accordé pour une durée de trente années avec monopole de fabrication dans un rayon de cinq lieues aux environs de la ville de Libourne... sous condition de n'employer pour le chauffage que le charbon de terre... avec permission d'associer à ladite entreprise telles personnes qu'il avisera, soit nobles ou roturiers sans déroger à noblesse... exemption pour les ouvriers qu'il emploiera de guet et garde, de la milice et du logement des gens de guerre... [3] »

Cette autorisation obtenue, M. Vande Brande s'empressa de chercher à Libourne un terrain propre à construire sa verrerie, mais « hors la ville », condition que lui imposait l'arrêt du Conseil du Roi. A l'époque où nous sommes, au milieu du XVIIIe siècle, la ville de Libourne, construite à l'est du confluent de l'Isle et de la Dordogne, était encore entourée de ses anciennes murailles. C'est au nord de la ville, en dehors de la porte de Guîtres, sur un emplacement qui longeait la rivière l'Isle et à l'entrée du chemin de Coutras, empla-

1. Pièces justificatives, n°⁸ 1 à 3.
2. Nous venons de voir que le monopole de la fabrication des « glaces à miroir » appartenait à la manufacture royale de Saint-Gobain.
3. Pièce justificative, n° 2.

cement appelé le Fourat et appartenant à la ville de Libourne, que M. Vande Brande fit choix d'un terrain. Le 15 novembre 1749 il adressait à la Jurade de Libourne une demande pour obtenir la cession de ce terrain, et le 22 novembre suivant les maire et jurats, après en avoir délibéré et après en avoir reçu l'autorisation du marquis de Tourny, Intendant de la généralité de Bordeaux, « donnait à fief et moyennant arantement au sieur Vande Brande le terrain par lui piqueté, situé au lieu du Fourat [1], faisant un carré long, large de cent douze pieds sur cent soixante en longueur [2], laissant un chemin de cinquante pieds de large entre le terrain piqueté et l'entrée du chemin de Coutras [3], et trente pieds au bout de son alignement du côté du couchant, sous le devoir d'un sol d'acapte ou d'exporle et vingt-cinq livres de rente foncière, directe, annuelle et perpetuelle… [4] »

Monsieur Vande Brande fit construire immédiatement la verrerie sur le terrain que lui avait concédé la Jurade et la décora d'une façade monumentale et très élégante qu'on peut voir encore aujourd'hui sur la place qu'on a appelée par la suite place de la Verrerie. Quelques années plus tard il fera bâtir sa faïencerie à côté, entre la verrerie et la porte de Guîtres, il lui donnera une façade semblable et ces deux édifices réunis et formant un ensemble sont encore de nos jours les monuments les plus remarquables de la ville de Libourne.

1. D'après Guinodie, l'historien de Libourne, Fourat voudrait dire en langue celtique *trou*.

2. Le pied de roi ou pied de Paris avait 0 ^{m} 33, ou pour être plus exact 0 ^{m} 3252, mais le pied bordelais comptait 0 ^{m} 3563, (voy. *Manuel des poids et mesures du département de la Gironde*, par J.-B. Gras, Archiviste du département, Bordeaux, 1840, in-8.) Le terrain qu'achetait M. Vande Brande mesurait donc, à très peu de chose près, 40 mètres × 57 mètres, et ce qui prouve que le pied bordelais, qui avait ainsi un pouce de plus, soit 0 ^{m} 0271, que celui de Paris, était également employé dans le Libournais, c'est que M. Vande Brande a bien soin de faire ressortir (voy. pièce justificative, n° 5) que « le pied a été porté à treize pouces *ainsy qu'il est d'usage* ». Nous reviendrons sur la contenance de la verrerie lorsque la faïencerie y aura été annexée.

3. Le chemin de Coutras s'appelle aujourd'hui la rue de Fontaines, nom que porte tout le faubourg, après la place de la Verrerie, et qui provenait des fontaines ou lavoirs se déversant dans l'Isle à quelque distance de la ville. On trouvera aux archives de Libourne, DD 28, un « Plan de la Traverse du fauxbourg des Fontaines allant à Coutras, levé par Gelly, en juillet 1789 » qui donne la situation exacte de ces fontaines.

4. Pièces justificatives 3 à 5.

La verrerie de Libourne prit rapidement une grande extension comme nous l'apprennent plusieurs documents du temps. Ainsi, vers 1752 M. Vande Brande fait élever une chapelle dans l'établissement, il en demande l'autorisation à l'archevêque de Bordeaux et dans sa demande il fait savoir que « la verrerie qu'il a fait construire près et hors les murs de la ville de Libourne a deux corps de four, que selon l'aveu de tout le monde elle forme la plus belle manufacture qu'on ait vue dans le genre, qu'il y emploie plus de soixante dix ouvriers et que les fours ne peuvent s'éteindre sans une perte de plus de dix mille livres [1]... » Dans les Almanachs du temps la verrerie de Libourne est qualifiée de « magnifique verrerie avec le titre de manufacture royale [2] ».

Plus tard, lorsque M. Vande Brande liquidera sa faïencerie qui ne lui avait pas donné les résultats sur lesquels il croyait pouvoir compter, en 1770 [3], il agrandira sa verrerie en lui annexant les locaux de cette faïencerie, ce qui donna à cet établissement de très grandes proportions, environ 84 mètres de façade sur la place de la Verrerie, entre les rues actuelles du Fourat et de l'Abattoir, et environ 57 mètres de profondeur, entre la place de la Verrerie et la rivière l'Isle. Nous donnons en tête de cette notice la reproduction d'une lithographie représentant la place de la Verrerie vers 1840, avec la façade de la manufacture [4].

En 1776, le 2 février, M. Vande Brande vint à mourir sur son domaine de Beautiran [5], aux environs de Bordeaux. Son testament fut ouvert le 10 février par Guy père, notaire [6] : il n'y est pas ques-

1. Pièce justificative 6.
2. *Almanach du Commerce et des Arts et Métiers de la ville de Bordeaux.*
3. Acte de Guy, notaire à Bordeaux, en date du 30 décembre 1770, Archives de la Gironde. Voy. la pièce justificative 57.
4. Nous devons la communication de cette lithographie à l'obligeance de M. U. Bigot, l'érudit collectionneur Libournais.
5. Reg. de la paroisse de Beautiran. A la fin de sa vie M. Vande Brande était baron de Beautiran : il avait dû hériter de son beau-père Saige de ce titre et du domaine qui y donnait droit. Th. Malvezin, dans son *Histoire du commerce de Bordeaux*, dit que Jacques-Philippe Vande Brande avait été anobli en 1769 ; ce qu'il y a de sûr, c'est que nous l'avons trouvé qualifié *écuyer* dans plusieurs actes officiels.
6. Archives de la Gironde, série E (notaires). Le testament est daté du 12 septembre 1770.

tion de la faïencerie puisqu'il l'avait liquidée en 1770, comme nous venons de le voir, mais il mentionne sa verrerie de Libourne. Les héritiers, qui étaient son épouse Antoinette Sansané [1], son fils unique Jean-Baptiste [2] et son frère « qui était sans fortune », ne conservèrent pas la verrerie de Libourne. Ils la vendirent, peu de temps après la mort de M. Vande Brande, à un riche négociant Libournais, Jean Fourcaud, qui la possédait encore en 1806. Mais à cette époque, ainsi que nous l'apprend Souffrain dans un texte que nous avons déjà reproduit, les fours de la fabrique étaient éteints « jusqu'à ce que des temps moins orageux permettent de la faire revivre [3] ».

Nous ignorons si les fours de la verrerie de Libourne furent rallumés après 1806, mais nous ne le croyons pas. L'immeuble où elle a fonctionné pendant plus d'un demi-siècle est occupé aujourd'hui par les comptoirs et les chais d'un négociant en vins, et quant à celui où avait été établi la faïencerie, la façade de la place de la Verrerie est restée la même, semblable à celle de la verrerie, avec un portail un peu plus élevé, mais au coin de la rue du Fourat et de cette place, le propriétaire actuel de l'immeuble de l'ancienne faïencerie vient de faire élever un grand pavillon dans le style flamand qui est venu détruire la belle ordonnance de ce côté de la place de la Verrerie.

D'ailleurs, les anciens habitants n'ont jamais entendu parler de la faïencerie qui a fonctionné dans leur ville pendant plus de dix ans, ils en contestent même l'existence, et cela n'a rien d'étonnant puisqu'elle avait cessé de fabriquer depuis 1770 et qu'elle avait été annexée à la verrerie, mais il vous parlent toujours de cette dernière manufacture et des Hollandais qui y travaillaient, ce qui laisserait croire que M. Vande Brande avait fait venir des ouvriers de Hollande et que ceux-ci s'étaient fixés à Libourne. De plus, on nous a raconté

1. Antoinette Sansané décédera à Bordeaux le 10 juin 1778, âgée de 60 ans ; le lendemain, son corps fut inhumé dans l'église Saint-Rémy. (Reg. de la paroisse Saint-Rémy de Bordeaux, Archives de la ville.)

2. Né le 15 avril 1752, (reg. des baptêmes de l'église Saint-Seurin de Bordeaux, archives de la ville). M. Vande Brande avait eu encore deux enfants, un fils Jacques (5 octobre 1746) et une fille Anne (16 octobre 1750), morts jeunes probablement.

3. Voy. à la page x.

qu'en faisant des fouilles dans la rue du Fourat, pour creuser les fondations de certaines maisons de cette rue, on avait trouvé des dépôts de sable et des débris et des blocs de verre provenant de l'ancienne verrerie.

Nous avons dû nous étendre un peu sur les origines de la famille Vande Brande, sur le rang qu'elle occupait à Bordeaux et sur la verrerie que Jacques-Philippe Vande Brande établit à Libourne, faits qui sont intimement liés à la manufacture de faïence qu'il adjoignit à sa verrerie et dont nous allons maintenant nous occuper.

Lorsque M. Vande Brande eut l'idée, en 1756, de créer à Libourne une faïencerie à côté de sa verrerie, il y avait déjà dans le Sud-Ouest plusieurs manufactures qui fabriquaient suffisamment pour les besoins du pays. Il y avait d'abord celle de Bordeaux qui avait été fondée au commencement du XVIIIe siècle, la plus ancienne de toute la région et qui vers le milieu du XVIIIe siècle était en pleine prospérité [1]. Puis venaient par ordre de date d'établissement, la faïencerie de La Rochelle (1721) qui était devenue très importante [2], celles de Saintes (1731 et 1733) [3], celles de Samadet (1735) dans les Landes [4], d'Ardus (1737) dans le Bas-Quercy [5], de Bergerac (1742) [6], d'Angoulême (1748) [7],

---

1. Voy. *Les anciennes faïences de Bordeaux*, par le Dr AZAM, Société archéologique de Bordeaux, t. V, 1878, p. 185-215 avec pl. en couleur. — *Lettres sur la céramique : Correspondance de Jacques Hustin, faïencier bordelais (1715-1720)*, publiée par Ern. LABADIE, 1904, in-8.

2. *Les faïenceries Rochelaises*, par E. MUSSET, La Rochelle, 1888, in-4 avec pl. en couleur.

3. *Notes sur les potiers, faïenciers et verriers de la Saintonge*, par Ch. DANGIBEAUD, *Recueil de la Commission des Arts et Monuments hist. de la Charente-Inférieure*, 2e série, t. III, 1884.

4. *La manufacture royale de faïence de Samadet*, par Paul LAVOND, *Réunion des sociétés des Beaux-Arts des départements*, 1903, p. 243-272 av. pl. — *La faïencerie de Samadet*, par le Dr L. SENTEX, Dax, 1903, in-8 avec pl. — *Notes et documents sur quelques faïenceries et porcelaineries de la Gascogne au XVIIIe siècle*, par Ern. LABADIE, *Revue de Gascogne*, 1907-1908.

5. *Les anciennes faïences de Montauban, Ardus, Nègrepelisse, Auvillars*, par Ed. FORESTIÉ, Montauban, 1876, in-8.

6. *Notes et documents sur les anciennes faïenceries du Périgord*, par Ern. LABADIE (en préparation).

7. *Notes sur les faïences d'Angoulême et de Cognac*, par E. BIAIS, *Réunion des sociétés des Beaux-Arts des départements*, 1894, p. 283-306. — *Documents inédits sur les faïences des Charentes*, par RIS-PAQUOT, Paris, 1878, in-12, avec pl. en couleur.

IV

de Cognac (1750) [1]. On voit que nos provinces du Sud-Ouest, l'Aunis, la Saintonge, l'Angoumois, la Guyenne et la Gascogne étaient largement pourvues de faïenceries pour satisfaire aux besoins du pays et si le négociant bordelais voulait établir une fabrique à Libourne ce n'était pas certainement pour faire concurrence aux ateliers existants déjà dans la région, mais c'était probablement pour expédier dans les pays où son commerce lui avait créé des relations. Il savait que la Hollande, la Normandie et les autres pays du Nord de production céramique inondaient de leurs faïences les États-Unis, la Louisiane, les Antilles, *les* Amériques comme on disait alors. La Rochelle expédiait depuis longtemps au delà des mers les faïences qui se fabriquaient dans la manufacture qu'elle possédait depuis 1721. Il en était de même pour la manufacture de Bordeaux qui chargeait ses produits sur les navires en partance pour l'Amérique. Dans la correspondance du propriétaire de cette fabrique, Jacques Hustin, que nous avons publiée il y a quelques années, on lit sous la date du 26 juin 1717 : « ...Il est arrivé icy M. l'abbé Jouin, quy est Intendant, sur un vaisseau du Roy quy va à Madagascar porter l'amnistie aux fourbans et quy porte au dit-lieu une cargaison de 6 à 700 livres. Il demande un assortiment de cent pistolles de fayance ou environ, a quoy je fais travailler ; cela me fait d'autant plus de plaisir que j'espere dans la suitte que tous les armements de Nantes et de La Rochelle qui vont aux Isles et ailleurs prendront dorenavant toute leur fayance icy. Ce qui me confirme la dedans est que M. l'abbé Jouin m'a dit que notre fayance est incomparablement plus belle que celle qu'on charge à Nantes et La Rochelle venant de Rouen et Nevers. Il est très capable d'en juger ayant fait plusieurs voyages de long cours, connaissant les prix de la fayance et de quelle maniere on la vend... [2] » Lorsque Hustin écrivait ces lignes, la faïencerie de La Rochelle n'existait pas encore, mais on voit que dès cette époque il s'expédiait de ce port de mer de nombreux lots de faïence de l'autre côté de l'Océan. Le propriétaire de

---

1. *Les anciennes faïenceries de Cognac, Châteauneuf et Gardépée*, par Lacroix, Cognac, s. d. (1894), in-8.
2. *Lettres sur la céramique*, op. cit.

la manufacture de Bordeaux écrivait encore le 6 janvier 1720 :
« ...M. Saige vint hier pour me dire qu'il avait ordre de la Compagnie
des Indes [1] de prendre de grandes parties de fayance et qu'à l'avenir
on s'adresserait à luy et qu'on n'en prendrait plus à Rouen. D'ailleurs
M. Saige et M. Comin quy vint un peu après luy veulent faire faire
de grandes buzoires comme on fait en Provence pour servir a porter
l'eau dans les navires qui vont aux isles affin d'y conserver l'eau pendant le voyage... » Il n'y a pas lieu de faire d'autres citations, il est
certain que des ports de la Hollande et des ports français de la Manche
et de l'Océan les armateurs expédiaient, vers le milieu du xviiie siècle,
comme marchandises courantes, des faïences fabriquées dans les Pays-
Bas, à Delft, le grand centre céramique de ce pays, et en France, dans
l'Amérique du Nord et aux Antilles, dans ces riches colonies que les
Français avaient conquises au xviiie siècle, qui furent une source de
fortune pour nos ports de l'Océan et notamment pour celui de Bordeaux, mais que la Révolution leur a fait perdre en grande partie.

Jacques-Philippe Vande Brande, riche négociant-armateur, qui
avait une maison de commerce à Bordeaux très prospère, entretenant
probablement des relations commerciales avec l'Amérique et les
Antilles, comprit le parti qu'il pouvait tirer d'une faïencerie à
Libourne où il avait déjà établi une verrerie dont certains éléments,
comme la main-d'œuvre, le combustible et quelques matières
premières, comme le sable, pouvaient être employés à faire marcher ce
nouvel établissement à son début, et ainsi qu'il l'avait fait pour la verrerie, il adressa une demande d'autorisation au Conseil du Roi.

C'est en avril 1756 que cette demande d'autorisation fut adressée au
Conseil du Roi [2], et elle est faite par un nommé Pierre Tastet au nom
duquel seront plus tard délivrées les lettres patentes. Ce Pierre Tastet
était le directeur de la verrerie de Libourne et nous savons qu'il était
né le 19 septembre 1722 [3], de Pierre Tastet, cabaretier, et par consé-

---

1. M. Saige était représentant de la Compagnie des Indes ; nous avons vu que M. Vande
Brande père avait épousé une Saige, en 1722, et le Saige dont il s'agit était peut-être le
grand-père maternel de Jacques-Philippe Vande Brande.

2. Pièce justificative, n° 7.

3. Reg. paroissial de l'église Saint-Seurin de Bordeaux, Archives de la ville, GG 703,
acte 776.

quent il avait vu le jour deux mois avant Jacques-Philippe Vande
Brande qui, lui, vint au monde le 22 décembre suivant et dans la
même paroisse Saint-Rémy, c'est-à-dire aux Chartrons où les Vande
Brande avaient leur maison de commerce. Cette coïncidence de lieu
et de date de naissance nous a fait supposer que Pierre Tastet était le
frère de lait de M. Vande Brande, que celui-ci s'était intéressé plus
tard au fils du cabaretier des Chartrons et lui avait confié la direction
de sa verrerie de Libourne. Mais pourquoi toutes les démarches officielles auprès des autorités pour l'obtention des lettres patentes sont-
elles faites par Tastet et en son nom, alors que plus tard la faïencerie
sera bien la propriété de M. Vande Brande? C'est ce que nous n'avons
pu nous expliquer.

Dès que Hustin[1], le propriétaire de la Manufacture de Bordeaux,
eut connaissance de la demande adressée à Paris pour l'établissement
d'une faïencerie à Libourne, il s'empressa de faire opposition, en
exposant que son privilège obtenu en 1714, renouvelé en 1729 et 1752
pour dix années, lui donnait le monopole de la fabrication de la
faïence à Bordeaux et dans un rayon de dix lieues. Mais M. Vande
Brande ou plutôt Pierre Tastet répondit que le transport des marchandises lourdes comme la faïence entre Libourne et Bordeaux ne pouvant se faire que par eau, c'est-à-dire par la Dordogne et la Garonne
et que la distance par cette voie entre ces deux villes étant de plus de
dix lieues[2], et par conséquent en dehors du privilège de Hustin, la
réclamation de ce dernier n'était pas recevable. L'argument était un
peu spécieux, mais l'Intendant de Bordeaux, consulté à ce sujet, le tint
pour valable, rejeta la requête de Hustin comme il l'avait fait pour
celle de la V° Mitchell au sujet de la verrerie, donna un avis favorable, et le Conseil du Commerce, par son arrêt du 18 janvier 1757,
autorisait la délivrance de lettres patentes à Pierre Tastet pour l'établissement d'une faïencerie à Libourne[3].

---

1. Denis-Ferdinand Hustin, qui avait succédé, en 1749, dans la direction de la grande
manufacture du faubourg Saint-Seurin, à son père Jacques Hustin, décédé.

2. La distance par les deux rivières était de douze lieues.

3. Pièces justificatives, n°ˢ 8 à 15.

L'arrêt du Conseil portait que : « ...Le commerce de la fayance pour les colonies et pour la Guyenne étant très étendu et très avantageux au Royaume, que d'ailleurs la ville de Libourne éloignée de Bordeaux de douze lieues par eau étant agréable par elle-même et par sa situation, la facilité du commerce avec l'Amérique qui vient de luy être accordée la rendra plus florissante en lui facilitant une grande consommation de fayance... A ces causes, Sa Majesté permet à Pierre Tastet, suppliant, d'établir dans la ville de Libourne, aux environs, une Manufacture Royale de fayance, avec privilège exclusif à dix lieues à la ronde pendant trente années et faculté d'avoir un suisse ou portier aux armes de Sa Majesté, ordonne que toutes personnes même de qualité noble pourraient s'associer avec le suppliant et ses ouvriers jouiront des mêmes privilèges accordés et à accorder à pareilles manufactures... » En possession de l'autorisation du Conseil, Pierre Tastet dut s'occuper d'acquérir un terrain à Libourne pour y construire la faïencerie, et le terrain était tout indiqué, c'était celui qui était vacant à côté de la verrerie, entre cette fabrique et la porte de Guîtres, aujourd'hui l'entrée de la rue du président Carnot, et sur lequel on pourrait élever un édifice semblable à celui de la verrerie et former ainsi un seul immeuble divisé en deux fabriques distinctes, la verrerie et la faïencerie. C'est ce qui se fit d'ailleurs, l'ensemble de cette construction peut se voir encore de nos jours en façade sur la place de la Verrerie, mais ce résultat, l'achat du terrain en question qui appartenait à la ville, ne fut pas obtenu sans avoir eu à surmonter les nombreuses difficultés soulevées par la Jurade libournaise.

Il y eut d'abord probablement de longs pourparlers échangés entre Pierre Tastet et la Jurade, car l'arrêt du Conseil est du 18 janvier 1757 et ce n'est qu'à la date du 11 juin 1758 que nous relevons sur le registre des délibérations de la Jurade la demande officielle de Tastet. Il demande d'acquérir de la ville, comme privilège de Sa Majesté pour l'établissement d'une manufacture de fayancerie à Libourne ou aux environs : « un terrain vuide et vacant joignant la verrerie du sieur Vande Brande située au lieu du Fourat près la présente ville... et qu'il offre à messieurs les maire et jurats de la présente ville la somme de six cents livres argent comtant conté et celle de trente livres en une rente directe annuelle et perpetuelle pour raison dudit terrain de largeur de cent vingt cinq pieds, tirant de ladite verrerie vers la porte de Guîtres, sur toute la longueur des batimens de ladite verrerie... [1] »

La Jurade en délibéra trois jours après et décida que : « la Communauté ne pourroit ni ne devroit alliéner ce terrain demandé par ledit sieur Tastet, parce que ledit terrain est absolument nécessaire à ladite Communauté pour tenir les foires du bétail, pour y deposer le lest en sable en conformité de l'arrêt du Conseil du 26 juillet 1738 et pour le service du Roy pour l'epreuve des canons... [2] »

A la suite de cette délibération l'Intendant de Bordeaux ordonna le 4 juillet suivant que « le terrein dont il s'agit sera visité par experts... lesquels declareront si le terrein demandé est necessaire ou utile à la ville et feront l'estimation de la valeur... [3] »

On nomme des experts, mais la Jurade commence par récuser celui que choisit Tastet et celui-ci à son tour récuse l'expert désigné par les maire et jurats, un ancien maire de Libourne, Jean Mathieu. On constitua de nouveaux experts [4], et ceux-ci déposent peu après, entre les mains du subdélégué, leur rapport qui est favorable à la demande de Tastet, mais où le terrain est estimé douze cents francs. Le subdélégué fait connaître les termes de ce rapport, par la lettre du 3 novembre, à l'Intendant de Bordeaux qui le fait notifier à la Jurade le 15 du même mois [5].

Mais la Jurade de Libourne, sur le rapport de son procureur-syndic,

1. Pièce justificative, n° 18. — Nous avons vu en donnant la contenance du terrain de la verrerie, page XXII, que le pied bordelais, dont nous pouvons supposer qu'on se servait aussi à Libourne, mesurait 0, 356 mill. et que ce terrain de la verrerie avait une contenance de 112 pieds de large sur 160 de profondeur, soit 40 mètres sur 57. Par conséquent le terrain de la faïencerie mesurant 125 pieds de largeur sur la même profondeur que la verrerie, il avait une contenance totale de 44^m 50 sur 57^m, ce qui donnait pour les deux fabriques une façade d'environ 85 mètres.

2. Pièce justificative, n° 19. Ces canons venaient des fonderies du Périgord et de la Saintonge.

3. Pièce justificative, n° 20.

4. Pièces justificatives, n°s 28 à 34.

5. Pièces justificatives, n°s 35 à 36.

qui menait en somme toute cette affaire, rejette les conclusions des experts par la délibération du 25 novembre et en appelle à l'Intendant de Bordeaux pour gagner du temps [1]. Tastet dut en effet se pourvoir de nouveau devant le Conseil du Roi et ce n'est que le 16 juillet 1759 qu'un arrêt fut rendu ordonnant que « les officiers municipaux de la ville de Libourne seront tenus, dans un mois à compter du jour de la signification de cet arrêt, de passer contrat de concession et d'aliénation audit Tastet du terrain appartenant à ladite ville contenu au procès-verbal du 27 octobre 1758 (rapport des experts) moyennant le prix de douze cens livres dont ledit sieur Tastet fera la rente au denier vingt au profit de ladite ville, avec privilège et hypothèque sur le terrain et bâtiment de la fayancerie qui y sera construite... [2] »

L'arrêt du Conseil fut signifié le 19 septembre suivant à la Jurade qui ne se tint pas encore pour battue et qui, par délibération du même jour, décida qu'il y avait lieu de convoquer le Conseil des prud'hommes pour aviser aux mesures à prendre en présence de l'arrêt du Conseil. Cette assemblée se réunit le 15 du même mois et, toujours sur le rapport du procureur-syndic, décide à son tour « que Sa Grandeur (l'Intendant de Bordeaux) sera très humblement suppliée de vouloir authoriser la Communauté à faire de très humbles remonstrances à Sa Majesté dans la surprise pratiquée par ledit sieur Tastet pour l'obtention dudit arrêt... et de permetre à Communauté de faire une députation vers elle aux fins de concerter les moyens à prendre pour la révocation dudit arrêt qui ne peut qu'estre très préjudiciable à la Communauté... [3] »

On voit que les officiers de Libourne étaient tenaces et qu'ils usaient de tous les moyens pour faire avorter le projet de Tastet. Les maire et jurats écrivirent à l'Intendant de Bordeaux le 17 septembre pour lui faire connaître leur délibération du 15 et la réponse de ce haut fonctionnaire ne se fit pas longtemps attendre : le lendemain les maire et jurats recevaient une lettre de l'Intendant qui leur enjoignait sim-

1. Pièce justificative, n° 37.
2. Pièce justificative, n° 41.
3. Pièce justificative, n° 43.

plement d'avoir « à exécuter l'arrêt du Conseil, à moins que le sieur Tastet ne veuille souscrire à d'autres arrangements, mais je désire très fort ne plus entendre parler de cette affaire qui a été très discuttée et qui n'a que trop duré... [1] »

C'était la fin de cette longue procédure qui, par l'obstruction faite par la Jurade de Libourne et par son procureur-syndic, avait duré plus de deux ans, mais qui s'était terminée à l'avantage de Pierre Tastet grâce à sa persévérance d'abord, grâce aussi à l'intervention bienveillante des Intendants de Bordeaux, de Tourny père et fils et de leur subdélégué à Libourne, M. Bulle, et à la haute influence probablement qu'avait à Bordeaux et à Paris M. Vande Brande qui avait agi dans l'ombre dans toute cette affaire. La Jurade fut donc obligée de céder le terrain qui lui avait été demandé. Nous n'avons pu trouver le contrat de vente et nous ne savons d'une manière certaine au nom de qui le terrain a été acquis, mais il est certain que c'est pour le compte de M. Vande Brande qui va être propriétaire de la faïencerie comme il l'était déjà de la verrerie.

M. Vande Brande fit donc construire sur le terrain acquis de la Jurade un édifice à côté de la verrerie et semblable à celui de cette fabrique. Le tout formait une construction très élégante qu'on peut voir encore aujourd'hui, dans le style de l'époque, avec deux portails monumentaux en façade, flanqués de chaque côté de galeries de balustres, et avec deux cours intérieures entourées de pavillons à deux étages, mansardés et recouverts d'ardoises [2].

En somme, cette vaste construction était un embellissement pour le

1. Pièce justificative, n° 45.
2. Cette double construction n'allait pas jusqu'à la rivière, il y avait un espace vide d'environ quarante mètres. C'est sur cet emplacement qu'on a bâti plus tard, derrière l'ancienne faïencerie, l'abattoir actuel vers 1822 et plus tard encore, derrière la verrerie, un grand chai le long de la rue de l'Abattoir. Une tour carrée, qui existe encore derrière l'immeuble où était la faïencerie, indique la limite de cette double construction du côté de la rivière. La longueur actuelle des rues du Fourat et de l'Abattoir, qui longent au sud et au nord l'emplacement des anciennes faïencerie et verrerie, mesure environ cent mètres d'après le plan géométral de Libourne ; le terrain de ces deux manufactures étant, comme nous l'avons vu, d'une profondeur de 57 mètres, il restait un espace d'environ 42 mètres entre elles et la rivière.

faubourg des Fontaines englobé plus tard dans la ville qu'elle ne déparera nullement, comme le font de nos jours nos ingénieurs et nos architectes, avec leurs usines et leurs casernes, où l'on chercherait vainement cette note d'art dont on parle tant actuellement.

Mais s'il est aisé avec de l'argent et un peu de goût d'élever de beaux édifices, il est beaucoup plus difficile d'organiser et de faire fonctionner une faïencerie, industrie qui exige la collaboration d'ouvriers spécialistes et même d'artistes. Depuis le choix des terres et leur préparation jusqu'à la cuisson des faïences, tout demande des connaissances techniques. La partie artistique est représentée par les mouleurs, les tourneurs, les peintres décorateurs. La préparation de l'émail blanc à base de plomb et d'étain touche de très près à la chimie ainsi que celle des couleurs qui sont des oxydes à base métallique, oxyde de cobalt pour les bleus, couleur qui est la plus répandue et la plus facile à obtenir en céramique parce que c'est celle qui résiste le plus au grand feu, oxyde de cuivre pour les verts, oxyde de chrome pour les jaunes, oxyde de fer pour les rouges, oxyde de manganèse pour les violets, couleur qu'on emploie pour tracer les contours du dessin et qui a remplacé le rouge généralement dans nos faïences du Sud-Ouest. La cuisson elle-même et le choix du bois de chauffage ont une grande importance; tel bois donne trop de fumée comme le bois de pin, tel autre donne trop de calorique, comme le bois de chêne, et l'enfourneur qui dirige le feu est un personnage avec lequel il faut compter, car de lui dépend la réussite d'une fournée qui comprend des milliers de pièces. De plus, on sait que la chaleur nécessaire à la cuisson parfaite de la faïence, à la vitrification pour ainsi dire de l'émail et des couleurs, ce qui assure l'inaltérabilité de ces dernières, atteint au pyromètre jusqu'à douze et quinze cents degrés, et cette cuisson doit durer trente-six heures et parfois davantage. On voit donc avec quelle prudence il faut diriger, pousser le feu, selon l'expression du métier, d'une manière graduée et très lentement pour éviter tout accident. L'enfournement demande encore bien d'autres précautions : placer les pièces en l'endroit voulu dans le four, les unes dans la partie la plus chaude, les autres dans le haut du four où il y

V

a moins de chaleur, comme les pièces à cuire en biscuit, c'est-à-dire celles qui ne sont pas encore revêtues d'émail.

Le défournement est une opération encore très délicate. Il faut d'abord laisser refroidir le four pendant plusieurs jours avant de l'ouvrir et en retirer ensuite les pièces une par une et sans trop de casse, et quel que soit le soin qu'y apportent les ouvriers, il faut toujours compter sur vingt-cinq pour cent de casse, et si de plus on défalque les pièces piquées, celles qui ont gauchi, qui ont reçu un coup de feu et dont la peinture a coulé, on n'arrive guère, dans la fournée la mieux réussie à avoir cinquante pour cent de pièces irréprochables, c'est-à-dire de premier choix, le reste était mis au second choix ou complètement au rebut. Enfin, les faïences ainsi terminées étaient rangées dans les magasins pour la vente sur place ou pour être expédiées.

La disposition des faïenceries au xviii⁰ siècle était à peu près toujours la même. Dans la cour intérieure étaient les bassins pour le lavage des terres et le manège pour le broyage de l'émail et des couleurs, les mouleurs, tourneurs et peintres-décorateurs travaillaient dans des ateliers aménagés d'une manière spéciale, les fours étaient généralement construits en briques réfractaires, dans un endroit reculé de la fabrique pour éviter tous risques d'incendie, des hangars recevaient les marchandises ainsi que les charrettes et les tombereaux employés pour le transport des terres et des sables. Enfin, la partie principale de la fabrique, celle en façade, était réservée aux bureaux des commis, au magasin de vente et au logement des maîtres. On trouvera d'ailleurs, dans la Grande Encyclopédie du xviii⁰ siècle, la description très exacte d'une faïencerie à cette époque avec tous les plans et des gravures très intéressantes.

Le personnel employé dans ces manufactures n'était jamais en nombre bien considérable, le recrutement des ouvriers spécialistes étant toujours difficile. Nous estimons qu'une fabrique d'importance moyenne, comme celle de Hustin à Bordeaux par exemple, ne comptait pas plus d'une cinquantaine de personnes, y compris les commis, les simples manœuvres, les charretiers et quelques femmes qui travaillaient dans les magasins.

C'est dans ces conditions et sur ces plans que M. Vande Brande dut installer sa faïencerie à Libourne en 1760. Nous ne pouvons pas faire reculer au delà la construction de cette fabrique puisque les dernières formalités pour l'acquisition du terrain sont de la fin de l'année 1759. Quant au personnel, il lui fut assez facile de se le procurer dans les autres manufactures qui existaient dans la région, comme en premier lieu celle de Bordeaux alors en plein fonctionnement, celle de Samadet dans la Chalosse créée en 1735, celles de La Rochelle datant de 1721, d'Ardus dans le Bas-Quercy ou de Bergerac en Périgord. Mais nous penchons à croire que c'est l'atelier de Hustin qui fournit le principal contingent du personnel de la fabrique de Libourne, parce que d'abord c'était le plus rapproché et le plus ancien, celui d'où il sortait depuis longtemps des produits remarquables et où se trouvaient par conséquent les plus habiles ouvriers, et ensuite parce que nous savons que le premier directeur de la manufacture de Libourne venait précisément de chez Hustin et il avait dû se faire suivre d'autres ouvriers travaillant dans l'atelier bordelais.

C'est d'ailleurs de l'établissement céramique du faubourg Saint-Seurin de Bordeaux que sont partis plusieurs ouvriers ou commis pour aller fonder ou diriger d'autres fabriques de la région : d'abord presque toutes les faïenceries établies à Bordeaux dans la seconde moitié du xviiie siècle, après l'expiration du privilège exclusif de Hustin, l'ont été par des ouvriers qui avaient appris leur métier chez lui, la manufacture royale de Samadet, fondée sur ses terres par l'abbé de Roquépine, baron de Samadet, fut construite sur les plans que lui avait communiqués un commis de Hustin, un nommé Le Patissier, qui en fut le directeur jusqu'à sa mort, la création de la fabrique de Marans dans l'Aunis en 1740 est due à un nommé Pierre Roussenq qui venait de Bordeaux, un bordelais du nom de Briqueville fut à la tête d'une des faïenceries de La Rochelle vers 1740 et les Crouzat et les Rougé qui furent faïenciers à Saintes appartenaient à des familles de faïenciers bordelais [1].

1. Pour l'histoire de toutes ces fabriques, voyez les notes des pages xxv et xxvi.

M. Vande Brande aurait pu encore aller chercher des collaborateurs à Montpellier où existait une fabrique importante et où Hustin avait recruté ses premiers ouvriers. En fit-il venir de Hollande qui était avec Delft un des principaux centres céramiques de l'Europe? On pourrait le supposer à cause de sa nationalité et des relations que son commerce avait dû lui procurer dans ce pays, mais sur les registres paroissiaux de Libourne, les seuls documents qu'on puisse consulter à ce sujet, nous n'avons relevé aucun nom hollandais pendant l'existence de la fabrique et même après.

Nous avons appris que le premier directeur de la manufacture de Libourne avait été employé chez Hustin à Bordeaux en parcourant l'inventaire sommaire des archives des communes du département de la Gironde [1]. Parmi les baptêmes de l'église de Saint-Jean de Libourne on en trouve un, le 4 mars 1761, où le parrain est Élie Robert, qualifié « directeur de la faïencerie » et cette faïencerie ne peut être naturellement que celle de la ville où ce baptême a eu lieu, celle de Libourne.

Cet Élie Robert n'est pas un inconnu pour nous. D'abord, sur les registres de la paroisse Saint-Martin de Fronsac, le 16 novembre 1728, on trouve le mariage d'Élie Robert « peintre en fayencerie » avec Thérèse Crouigneau, et sur un autre registre de la même paroisse, le 20 juillet 1733, le décès de Pétronille Robert, fille d'Élie « peintre à la faïencerie de Saint-Seurin à Bordeaux » [2]. Nous voilà déjà fixés sur le compte d'Élie Robert et nous savons d'une manière certaine, par ces deux actes religieux, qu'il avait travaillé chez Hustin et qu'il était peintre décorateur en faïence. De plus, ces deux actes peuvent aussi nous expliquer pourquoi il vint diriger la faïencerie de Libourne, dans un pays où il s'était marié, où il avait des liens de famille et d'où il était peut-être lui-même originaire. Mais nous savons autre chose sur ce peintre-faïencier : en 1754, il achète aux cohéritiers de sa femme un *bourdieu* ou petit bien de campagne, une métairie, à Bassens, aux environs de Bordeaux, et dans le con-

1. Inventaire sommaire des Archives dép. de la Gironde, série E, supplément t. III.
2. *Ibid.*

trat notarié [1] il est qualifié « peintre en fayance, habitant le faubourg et paroisse Saint-Seurin, époux de feue Thereze Crogneau ». Ainsi, en 1754, Élie Robert était toujours chez Hustin et il était veuf de la femme qu'il avait épousée en 1728 à Fronsac.

Nous avons de nombreuses notes sur les Robert faïenciers de Bordeaux et ailleurs, mais nous n'avons pas à nous étendre ici sur Élie Robert et sa famille, d'autant moins qu'il n'est resté que peu de temps, comme on va le voir, directeur de la fabrique de Libourne ; nous retrouverons ces artisans à Bordeaux lorsque nous ferons l'histoire des faïenceries de cette ville. Nous nous bornerons à dire, en ce qui concerne Élie Robert, qu'après avoir quitté Libourne en 1762, il vient chez Hustin comme peintre en faïence, on l'y trouve jusque vers 1775 ; en 1769 il se remarie avec Marguerite Fourneau et dans un acte que nous avons eu sous les yeux [2] il est qualifié « peintre en fayencerie au faubourg Saint-Seurin ». Son père, Jean Robert, faïencier également, établit une petite fabrique dans le faubourg Saint-Seurin, à Bordeaux, vers 1764 ; il était vieux et presque infirme avec une femme en démence et plusieurs enfants : un de ses fils avait travaillé dans la porcelainerie de Mennecy-Villeroy, près de Corbeil, un autre s'était établi à Saintes.

Nous venons de dire qu'Élie Robert ne resta pas longtemps directeur de la faïencerie de Libourne. En effet, deux ans après, le 10 juin 1762, M. Vande Brande passe un traité chez un notaire de Bordeaux [3] avec un nommé Jean-Michel Dumont et lui confie la direction de la manufacture.

Par ce traité, Dumont [4] s'engage à prendre la direction de la

---

1. Minutes de Perrens, Archives dép. de la Gironde.

2. Dulos, notaire, Contrôle des actes, Archives dép. de la Gironde.

3. Acte de Rideau, étude de Bebin, notaire à Bordeaux. Nous avons connu trop tard cet acte et celui du 22 mars 1764 dont nous parlerons plus loin, actes que nous avons relevés sur les registres des contrôles aux Archives dép. de la Gironde, pour pouvoir les joindre aux pièces justificatives à la suite de cette notice. Nous ne pouvons qu'en résumer ici la partie essentielle.

4. Dans cet acte, Dumont est domicilié à Bordeaux, rue Lagrange, paroisse Saint-Rémy. Nous ne serions pas étonné qu'en arrivant à Bordeaux il ait d'abord travaillé à la faïencerie Hustin.

fabrique de faïence de Libourne, avec la faculté de faire construire un nouveau four à son goût. Il pourra employer le temps que l'administration de la faïencerie lui laissera de libre à peindre des faïences, travail qui lui sera payé à part sur le même pied qu'à la manufacture de Hustin, à Bordeaux. M. Vande Brande s'engage de son côté à employer l'épouse de Dumont à mouler les assiettes à raison de quarante sols le cent d'assiettes, à loger, dans la manufacture, Dumont, sa femme et sa famille, à lui fournir le bois de chauffage et deux barriques de vin par an et de plus à lui donner en espèces cinq cents livres chaque année. Ce traité est passé pour une durée de neuf années à partir du 1er août suivant. Dumont, qui accepte ces conditions, déclare ne savoir ni lire ni écrire et ne savoir que signer.

Ce Dumont est un personnage très intéressant au point de vue de l'histoire de la céramique. Il était né à Toulouse le 5 décembre 1728 de Gabriel Dumont « phaiancier » et de Jeanne Pomarède [1]. Le 17 mai 1747, âgé seulement de dix-neuf ans, il épouse Anne Pradelle, veuve de Jean Pressec et âgée de vingt-cinq ans ; dans l'acte de mariage il est qualifié « facturier de fayance, restant au faubourg Saint-Étienne [2] ». De plus, on lit dans la *Biographie Toulousaine* de Maillot [3] qu'un certain Dumont était venu habiter chez un peintre du nom de Jean Michel, à la fin du xviie siècle, et qu'il y avait établi la première manufacture de faïence que le Languedoc ait possédée. Ce Dumont s'occupait également d'alchimie. Ainsi, Jean-Michel Dumont, qui va diriger la fabrique de Libourne, était le fils ou le petit-fils [4] de l'introducteur de la fabrication de la faïence à Toulouse où il avait été lui-même faïencier, et nous sommes très heureux de pouvoir

1. Acte de baptême de la paroisse Saint-Étienne de Toulouse ; le parrain était Michel Dumont, grand-père ou oncle du baptisé. Tous les renseignements que nous possédons sur les Dumont de Toulouse nous ont été très gracieusement fournis par un de nos amis habitant cette ville, M. Charles Fouque, descendant d'un des faïenciers de Moustiers, très versé dans tout ce qui concerne la céramique. Nous nous faisons un devoir de lui renouveler ici nos remerciements.

2. Acte de mariage de la paroisse Saint-Michel de Toulouse, annexe de Saint-Étienne.

3. *Paris, Michaud*, 1823, t. 2, p. 52.

4. L'aïeul et le bisaïeul de Dumont étaient originaires de Mende où ils étaient faïenciers.

signaler sa présence à Libourne, car sans notre découverte on aurait peut-être toujours ignoré ce qu'était devenu le faïencier toulousain.

Jean-Michel Dumont était-il venu à Bordeaux directement de Toulouse ? Dans un travail qu'a publié M. Calcat sur les faïenciers d'Auch [1], on lit qu'un sieur Dumont fut directeur d'une faïencerie qui avait été établie en 1757 à Auch sur la propriété d'un sieur Jacques Allemant-Lagrange, au quartier de la Treille. Dumont quitta Auch quelque temps après pour aller créer une autre faïencerie à Saramon, non loin d'Auch. Ce Dumont était-il le même que celui de Libourne ? On ne peut répondre à cette question, M. Calcat ne fournissant aucun renseignement biographique sur le faïencier d'Auch, ne donnant même pas ses prénoms. Mais d'après les dates que nous avons données cela est possible : Jean-Michel Dumont se marie à Toulouse en 1747, en 1757 il y a un Dumont directeur de la faïencerie d'Auch et en 1762 le Dumont de Toulouse est à Libourne

Il peut se faire aussi que Dumont ait travaillé à Bergerac avant de venir à Bordeaux. Dans le second traité qu'il va passer avec M. Vande Brande en 1764, il s'engage à faire « un émail aussi beau que celui du sieur Perchin à Bergerac » et d'apprendre aux ouvriers de la manufacture de Libourne « de peindre des fleurs, œillets et autres, comme celles que le sieur Perchin fait exécuter à Bergerac. » Il y avait à cette époque dans cette ville une faïencerie [2] et il est possible que Dumont soit allé d'Auch à Bergerac avant de venir à Bordeaux, mais on va voir qu'il se vantait en prétendant posséder les secrets de fabrication de Bergerac, et cela n'a rien d'étonnant, car il ne faut pas oublier qu'il était originaire de Toulouse et que si, dans la capitale du Languedoc, les ouvriers d'art ont beaucoup de talents, ils n'ont pas toujours celui de la modestie.

M. Vande Brande ne fut pas satisfait en effet des connaissances techniques que Dumont s'attribuait, car le 22 mars 1764 il passait avec lui un nouveau traité [3] dans lequel il était dit que jusqu'à pré-

---

1. *Revue de Gascogne*, 1898, p. 379 et suiv.
2. Bergerac eut une faïencerie dès 1742 ; en 1764 il y en avait deux et peut-être trois. Voy. nos *Notes et Documents sur quelques faïenceries du Périgord au XVIIIe siècle*.
3. Acte de Rideau, notaire à Bordeaux. Voy. la note 3 de la page XXXVI.

sent Dumont n'a pas trouvé « le point de l'émail de la fayance et que celle qu'il a faite a été *coque d'œuf* » et que ce défaut porte un grand préjudice à M. Vande Brande qui ne peut vendre sa marchandise qu'à vil prix et à perte. Dumont est obligé de le reconnaître et il accepte que le contrat du 10 juin 1762 soit suspendu dans son exécution, y compris ses appointements, jusqu'à ce qu'il ait pu faire deux fournées entières et consécutives de faïence dont l'émail soit aussi beau que celui du sieur Perchin, faïencier à Bergerac [1], et de plus, comme le sieur Dumont est mortel et que sa mort mettrait la manufacture dans l'embarras, il promet de faire connaître la composition de son émail, le point d'émail de Perchin de Bergerac, au sieur Tastet, directeur général de ses manufactures de Libourne [2].

Dumont s'engage encore, en compensation du préjudice causé, à apprendre à peindre en faïence, et gratis, aux jeunes enfants de la manufacture, des fleurs, œillets et autres, comme celles que le sieur Perchin fait exécuter à Bergerac. Dans ces conditions, Dumont restera jusqu'à nouvel ordre à la manufacture, mais il n'aura pour tout salaire et rétribution que le prix de la façon des ouvrages de peinture qu'il pourra faire et le prix du moulage des assiettes que sa femme façonnera elle-même.

Mais M. Vande Brande continua à être mécontent de Dumont et en février 1765 il le congédia [3]. Dans une lettre adressée à l'Intendant de Bordeaux en juillet 1765 le propriétaire de la manufacture de Libourne explique que « Dumont lui a porté plus de neuf mille livres de pure perte et qu'il a manqué presque toute la marchandise qu'il a faite et qu'il a fallu geter... il a non seulement été forcé de le congédier à cause de son incapacité, mais il ne pouvait, selon Dieu,

1. Voy. pages XXXVII et XXXVIII.

2. C'est par cette phrase relevée dans le traité passé entre M. Vande Brande et Dumont que nous avons appris que Tastet était le directeur général des deux manufactures, verrerie et faïencerie, de Libourne.

3. Lorsque Dumont se remaria à Libourne, le 5 février 1765, il est encore qualifié « directeur de la faïencerie de Libourne (acte du mariage religieux, reg. de la paroisse Saint-Jean-Baptiste de Libourne, voy. à la page LII) et lorsqu'il fait baptiser une fille, le 8 mai 1765, en la même église, il n'est plus qualifié que « ancien directeur de la fayencerie de cette ville (Voy. cet acte de baptême à la pièce justificative n° 52, p. 71).

garder chès lui un pareil ouvrier qui menoit une conduite criminelle et qui merittoit punition [1]... »

Dumont étant devenu veuf le 23 juin 1764 [2] de la femme qu'il
avait épousée à Toulouse en 1728, Anne Pradel, comme nous l'avons
vu [3], se remaria le 5 février 1765 à Libourne avec Françoise Giraudet [4]. Les ouvriers de la verrerie l'accusèrent, à tort nous osons l'espérer, d'avoir empoisonné sa première femme pour épouser la
seconde qui avait été sa maîtresse, et c'est à cette accusation grave
que M. Vande Brande fait allusion dans sa lettre à l'Intendant de
Bordeaux. Nous aurons à reparler de cette affaire dans notre paragraphe sur la faïencerie de Fronsac dont Dumont fut le créateur et le
directeur.

Il est assez difficile de savoir exactement qui a remplacé Dumont
dans la direction de la manufacture de Libourne. M. U. Bigot, un
érudit libournais très documenté et dont nous avons déjà cité le
nom, nous a fait savoir que dans certains papiers qui lui ont passé
sous les yeux il a trouvé qu'un nommé Mars était, vers 176..., à la
tête de la faïencerie de Libourne et qu'en 1767 Pierre Tastet est
qualifié « directeur de la fabrique ».

Mars est là pour Marc. En effet, il y avait à Bordeaux, vers le
milieu du XVIIIᵉ siècle, un ouvrier faïencier du nom de Pierre Marc,
nous avons rencontré plusieurs fois ce nom dans le cours de nos
recherches, et de plus, dans les registres paroissiaux de l'église de
Saint-Martin de Fronsac on relève, à la date du 28 février 1742, le
baptême d'un enfant de Pierre Marc qualifié « maître faïencier. » Il
peut se faire que ce Pierre Marc, après avoir été ouvrier faïencier à
Bordeaux, chez Hustin certainement, soit venu travailler chez
M. Vande Brande à Libourne et qu'après le départ de Dumont il soit
devenu directeur de la faïencerie et ait été remplacé par Pierre Tastet, le directeur de la verrerie.

1. Pièce justificative nº 48, p. 62.
2. Reg. paroissiaux de l'église Saint-Jean-Baptiste de Libourne, Archives municipales
de cette ville, pièce justificative, nº 52, p. 70.
3. Voy. à la page XXXVIII.
4. Voy. l'acte du mariage religieux à la page LII.

Cette supposition est d'autant plus vraisemblable en ce qui concerne Tastet, que c'est lui qui procédera trois années plus tard, comme on le verra plus loin, à la liquidation de la fabrique de Libourne, que cette manufacture fonctionnait en 1767 depuis sept ans déjà, que les ouvriers pouvaient être parfaitement au courant de tous les procédés de fabrication, que Tastet pouvait très bien diriger la faïencerie tout en s'occupant de la verrerie et que c'est pour ces raisons que M. Vande Brande ne crut pas devoir faire venir un nouveau spécialiste en remplacement de Pierre Marc.

Par conséquent, si ce que nous venons d'établir est exact, la manufacture de faïence de Libourne eut, pendant son existence de dix années, quatre directeurs : Élie Robert de l'origine en 1760 jusqu'en 1762, Jean-Michel Dumont de 1762 à 1765, Pierre Marc de 1765 à 1767 et Pierre Tastet de 1767 à 1770.

Ces changements fréquents dans la direction de la manufacture semblent prouver que M. Vande Brande avait de grandes difficultés pour la faire marcher d'une manière régulière et rémunératrice. D'un autre côté la production abondante des autres faïenceries de la région, de celles de Bordeaux où plusieurs ateliers venaient de s'ouvrir à la suite de l'expiration du monopole de la grande manufacture de Hustin en 1762, de celle de Samadet, fabrique importante qui avait un dépôt de ses produits à Bordeaux et des autres établissements du Quercy, du Périgord et de la Saintonge, faisait que la manufacture de Libourne n'avait que peu de débouchés dans la contrée et devait se contenter d'expédier au dehors, dans les colonies où son commerce de vin avait créé à M. Vande Brande certaines relations qui lui permettaient d'y expédier également de la faïence. C'est ce qui ressort de la lettre de l'Intendant de Bordeaux au Contrôleur général de Paris, du 10 septembre 1765, et relative à la demande d'autorisation pour la faïencerie de Fronsac : « Le sieur Vande Brande, écrit-il, ne peut pas beaucoup en souffrir parce que les faïences de sa manufacture s'exportent aux îles et le public trouverait son avantage dans la multiplication de ces établissements [1] ».

1. Pièce justificative n° 53, p. 74.

C'est certainement pour ces raisons, difficulté de trouver des ouvriers capables, manque de débouchés et aussi frais en disproportion avec les bénéfices, que M. Vande Brande se décida à liquider sa faïencerie. Les historiens de Libourne, Souffrain et Guinodie, nous l'ont fait savoir : « La faïencerie, écrit le premier, tomba d'abord faute de moyens d'exportation et de proportion entre les frais et les profits... » Le second ne dit pas autre chose : « L'entreprise tourna en pure perte, faute de moyens d'exportation et encore plus par les frais à fabriquer... [1] »

M. Vande Brande reconnaissait lui-même dès 1765 que sa fabrique était loin d'être prospère. Lorsque son directeur Dumont alla créer une autre faïencerie à Fronsac cette année-là, dans la lettre qu'il adresse à l'Intendant de Bordeaux en juillet, il fait ressortir que son « établissement de Libourne lui a coûté des sommes immenses et ne lui a encore produit que beaucoup de perte... que la petite ville de Libourne ne peut consommer le quart de la fayance qui s'y fait et qu'il ne vend pas seulement de quoy payer ses ouvriers et que cet article n'a aucun débouché à Bordeaux... Le sieur Mathieu de Libourne sera certainement dupe de Dumont et s'il a envie d'une fayancerie il lui offre de luy vendre ou affermer la sienne [2]. »

Nous connaissons la date exacte de cette liquidation par un acte notarié en date du 30 décembre 1770 passé par devant Guy, notaire à Bordeaux [3], et par lequel Jacques Philippe Vande Brande, qualifié gentilhomme verrier, vend à demoiselle Thérèse Renard, épouse séparée quant aux biens du sieur Antoine Noireau, marchand à Libourne, toutes les marchandises et tout le matériel de sa faïencerie moyennant le prix de 4.600 livres, dont cent livres ont été versées comptant au sieur Tastet, représentant M. Vande Brande.

Outre la fin exacte de la manufacture de Libourne cet acte nous apprend encore la nature de certains articles qui s'y fabriquaient. Ainsi M. Vande Brande vend à son acheteur toutes les marchandises

1. Voy. p. ix et x de cette notice.
2. Pièce justificative n° 48, p. 62.
3. Pièce justificative n° 57, p. 74.

en biscuit, c'est-à-dire les objets non émaillés, et celles en cru, émaillées mais non décorées, et il se réserve un poêle en faïence, deux douzaines d'assiettes à son choix pour vingt-quatre livres d'argent, des statues, figures, ergines (?) vases à oranger. Ces derniers articles d'une fabrication assez difficile et peu courante montrent que l'atelier travaillait en grand. De plus, le prix de vente de 4600 livres, qui équivaut à plus de dix mille francs de nos jours et qui n'est qu'un prix de vente en liquidation, prouve que cette fabrication était assez active et que c'est bien le manque de débouché, comme nous l'avons déjà démontré, qui a forcé M. Vande Brande à éteindre ses fours et à liquider sa manufacture.

Telle fut la fin de cette faïencerie qui avait fonctionné pendant dix années, montée sur un assez grand pied et qui aurait dû donner à son fondateur de meilleurs résultats.

Les locaux de la faïencerie servirent dès lors à agrandir la verrerie qui après la mort de M. Vande Brande, survenue en 1776, fut vendue par ses héritiers à un négociant de Libourne, Jean Fourcaud, entre les mains duquel elle continua de fonctionner jusqu'au commencement du xixe siècle [1].

Nous venons de faire l'historique à peu près complet de la manufacture de faïence de Libourne. Nous avons donné les dates exactes de sa fondation et de sa liquidation, nous avons fait connaître l'emplacement qu'elle occupait sur la place actuelle de la verrerie, les nom et qualités de son fondateur-propriétaire, ceux de ses différents directeurs, et il nous resterait maintenant à indiquer la nature des produits sortis des fours de la faïencerie, mais, comme nous l'avons expliqué dans notre avant-propos, il est très difficile et parfois impossible de pouvoir identifier les faïences de second ordre qui n'ont pas de marque spéciale et qui sont inconnues même dans les pays de production où on peut les confondre avec d'autres faïences de diverses provenances. Et cette identification est d'autant plus difficile pour ce qui concerne les faïences libournaises que M. Vande Brande expé-

1. Voy. à la page xxiv ce que nous disons à ce sujet.

diait ses marchandises à l'étranger et qu'il a pu n'en rester que fort peu dans le pays.

Nous savons cependant qu'il se fabriquait à Libourne des faïences assez fines et même des pièces au décor doré. En effet, dans la lettre que M. Vande Brande écrit le 27 décembre 1764 à Dumont, le directeur de sa manufacture, on lit : « Mr. Tastet m'a dit qu'il vous était facile, si vous le vouliez, de me donner pour la première fournée le porte-montre doré pour le seigneur en question... J'ai un peu d'or de reste, je vous l'envoie pour le dorer et finir pour le donner au premier jour... »[1]. On sait qu'au XVIIIe siècle le décor doré ne se faisait pas, non seulement à Bordeaux, à Samadet ou à Montpellier ou dans les autres fabriques de second ordre, mais même dans les grands ateliers de Nevers, de Rouen et de Moustiers. Ce n'est que vers le milieu du XVIIIe siècle, lorsqu'on eut vu les porcelaines de Saxe, qu'on apprit la manière de cuire les pièces à décor doré au feu de reverbère, dit aussi feu de moufle, et que les fabriques de Strasbourg et de Marseille se mirent à se servir de ce nouveau procédé. Mais les anciennes manufactures que nous venons de citer continuèrent à cuire au grand feu, qui donne des produits beaucoup plus beaux au point de vue purement céramique, mais que ne peut supporter le décor doré.

M. Vande Brande avait peut-être installé dans sa manufacture un four à reverbère et ce qui pourrait nous le faire croire c'est que dans le traité qu'il passe en 1762 avec Dumont celui-ci demande d'avoir la faculté d'installer un second four à son goût[2], ce four était peut-être à reverbère avec lequel il comptait réussir certaines couleurs fines, les roses par exemple, un émail comme celui de Bergerac, mentionné dans le second traité de 1764[3], et enfin le décor doré. Et c'est la prétention qu'il avait peut-être émise de réussir ce genre de décor tant recherché dans les faïences de grand luxe qui avait engagé M. Vande Brande à lui commander un « porte-montre doré pour un

1. Pièce justificative nº 52, p. 68.
2. Voy. les principales clauses de ce traité à la page XXXVIII.
3. Voy. les termes de ce second traité à la page XL.

seigneur... » comme il l'écrit dans sa lettre du 27 décembre 1764[1].

Ce qui pourrait nous faire croire encore que les faïences de Libourne étaient cuites au feu de reverbère et non au grand feu, c'est que les rares pièces que nous avons vues et qu'on peut attribuer à l'atelier de cette ville, ont tout à fait l'apparence de faïences cuites au petit feu : l'émail est assez blanc, mais vitreux, très brillant, comme la poterie vernissée, comme certaines faïences de Bergerac, de La Rochelle et de Marans, ce qui indique que cet émail contient plus de plomb que d'étain ; la cuisson au feu de moufle est plus économique comme fabrication, mais elle ne donne pas les belles qualités de la faïence au grand feu qu'on trouve dans les produits des anciennes fabriques de Nevers et de Rouen, émail très résistant, couleurs profondes, vitrification et par conséquent inaltérabilité parfaites.

Les faïences que nous avons pu examiner à Libourne[2] et auxquelles nous venons de faire allusion sont, nous le répétons, d'un émail assez blanc mais vitreux, un peu translucide, le décor, très simple généralement, se compose d'une fleurette bleue au centre chatironnée de violet manganèse ; un double filet bleu et ocre au marli. Les assiettes sont de petite dimension, un peu plates et légères de pâte. L'ensemble, quoique de qualité commune, est d'assez bon goût et constitue de la faïence de service très présentable.

Tel est le type que nous avons rencontré le plus souvent à Libourne, mais nous ne faisons cette attribution que sous toutes réserves, car il ne faut pas oublier que cette ville n'est pas loin de Bordeaux, de Sainte-Foy, de Bergerac où il existait à cette époque des faïenceries en plein fonctionnement et que leurs produits devaient se vendre dans les magasins et dans les foires et marchés très fréquentés au xviiie siècle.

Il sera donc assez difficile d'identifier les faïences libournaises comme celles des autres fabriques de la région, mais maintenant que

1. Voy. ci-dessus et pièce justificative nº 52, p. 69.
2. Nous avons pu en voir quelques-unes, notamment chez M. Corbineau, directeur d'une des écoles de garçons de la ville, qui a su recueillir, en collectionneur éclairé, quelques pièces de faïence fort intéressantes.

la manufacture de la place de la verrerie est connue, nous espérons que les collectionneurs de Libourne et des environs se feront un devoir de les rechercher et en cela ils feront œuvre d'archéologue.

§ 2. — Faïencerie de Fronsac (1765-?)

L'ancienne paroisse de Fronsac, aujourd'hui commune et chef-lieu de canton de l'arrondissement de Libourne, est située sur la rive droite de l'Isle, à un kilomètre et demi au dessous de son confluent avec la Dordogne, en face de la ville de Libourne et au pied d'une colline dite tertre de Fronsac qui sépare en cet endroit les deux vallées formées par ces rivières [1].

Fronsac fut à l'époque romaine et au moyen âge un poste militaire important sur la grande route allant de Bordeaux à Périgueux par Vayres, Guitres et Coutras. Sur ce tertre, qui dominait et défendait cette route, les Romains établirent une position militaire importante et au viiie siècle, vers 765, Charlemagne fit bâtir une forteresse que lui et ses successeurs habitèrent souvent, mais qui fut rasée au xiiie siècle par Simon de Montfort. Les vicomtes de Fronsac firent construire plus tard à la place de cette forteresse un château féodal qui, agrandi au xve et au xvie siècle, fut démoli de fond en comble en 1623. Un dessin de Chastillon dans la *Topographie française* de Boisseau [2] nous donne la physionomie du château féodal, mais très inexacte d'après Léo Drouyn qui, dans sa *Guyenne militaire*, en a retracé le plan géométral [3].

Érigé en duché-pairie par Henri IV en faveur de la famille de

---

1. Au xviiie siècle, vers 1760, la paroisse de Fronsac « dans le Bourdelois, en Guyenne, diocèse, parlement, intendance et élection de Bordeaux, comptait 384 feux » (Abbé d'Expilly, *Dictionnaire géographique des Gaules*, 1764) ; aujourd'hui la commune possède 1.500 habitants environ.

2. *Topographie françoise ou représentation de plusieurs villes, bourgs, châteaux, maisons du Royaume de France*. Paris, 1641, in-fol. avec pl. gravées sur cuivre.

3. *La Guienne militaire. Histoire et description des villes fortifiées, forteresses et châteaux construits pendant la domination anglaise*. Bordeaux, 1865, 2 vol. in-4 avec 150 pl. gravées à l'eau-forte.

Longueville, Fronsac passa ensuite dans la famille de Richelieu. Au xviiie siècle, il appartenait au maréchal de Richelieu, gouverneur de Guyenne et le château fortifié du tertre fut remplacé par une maison à l'italienne « qui fut le théâtre des fêtes et des voluptueuses folies (!) du siècle de Louis XV... et qui, grâce aux niveleurs de 1793 (!) fut ruinée... »[1].

Mais, outre le tertre et ses châteaux, ce qui a rendu encore le nom de Fronsac célèbre, ce sont les vins qu'on y récolte « vins rouges de côtes, fermes et corsés, tout en étant souples et fins. Ils prennent de bonne heure la teinte topazée des vins vieux, en conservant leur chair et leur fruit. Les vins de la côte de Canon sont les plus réputés[2] ».

C'est dans le fond de la boucle que forme l'Isle avant de venir se jeter dans la Dordogne, dans cette partie de Fronsac appelée la palus d'Anguieux et juste en face du faubourg des Fontaines de Libourne où M. Vande Brande avait fait établir sa manufacture, qu'une faïencerie fut construite en 1765, et c'est Jean-Michel Dumont, que nous venons de voir dirigeant la fabrique de Libourne, qui créa ce nouvel atelier sur le domaine de Beaulieu, appartenant alors à Jean Mathieu, négociant de Libourne, qu'il ne faut pas confondre avec un autre Jean Mathieu, ancien maire de cette ville : ce dernier est mort le 9 septembre 1764[3], tandis que le propriétaire du domaine de Beaulieu vivait encore en 1765, comme nous allons le voir.

Dans sa lettre à l'Intendant de Bordeaux, de juillet 1765[4], Dumont écrit bien qu'il a établi sa manufacture de Fronsac « à deux portées de fusil de Libourne, dans la maison de Beller qu'il a louée quatre cents livres », mais de son côté M. Mathieu donnant lui-même à

1. F. JOUANNET, notice sur Fronsac, *Musée d'Aquitaine*, t. II (1823), p. 75 et suiv. avec 2 pl., et GUINODIE, Histoire de Libourne, 1845, 3 vol. in-8. On peut consulter encore sur l'histoire de Fronsac : ÉMILIEN PIGANEAU, Fronsac, dans le *Bull. de la Soc. archéologique de Bordeaux*, t. XXI, p. 259 et suiv. av. fig. — Il y a un plan géométral de la maison italienne du xviiie siècle dans le t. 31 (1898), p. 486 des *Archives historiques de la Gironde*.

2. ED. FERET, *Bordeaux et ses vins*,.. 1908, in-18.

3. Reg. paroissial de Saint-Jean-Baptiste de Libourne.

4. Pièce justificative n° 47, p. 62.

cette propriété le nom de Beaulieu [1], nous avons tout lieu de croire que cette erreur de nom a été commise plutôt par Dumont que par le propriétaire du domaine.

C'est donc bien sur le domaine de Beaulieu, dans la palus d'Anguieux et chez M. Mathieu, négociant libournais, que Dumont fit construire ses fours et ateliers. On lit dans *Bordeaux et ses vins* d'Ed. Féret, édition de 1908, p. 714 : « Grand-Chalet-Anguieux à Fronsac, ou cru de Beaulieu, appartenant à M. G. Gurchy, négociant à Libourne. » On peut donc conclure que c'est à ce négociant qu'appartient aujourd'hui l'ancien domaine de Beaulieu, propriété de Jean Mathieu au xviii° siècle et sur lequel Dumont avait construit sa fabrique. Cependant M. Gurchy a bien voulu nous faire savoir, par l'intermédiaire de notre collègue M. Pierre Meller, que ses actes de propriété ne remontant pas au delà de 1833, il lui avait été impossible de savoir à qui appartenait la propriété d'Anguieux au xviii° siècle, et que d'un autre côté, dans les fréquents travaux de défoncement qu'il avait fait exécuter dans cette propriété, on n'avait jamais rencontré de traces de constructions anciennes de four ou d'autre nature. Nous sommes allé nous-mêmes sur les lieux nous livrer à une enquête qui n'a amené aucun résultat. Quoi qu'il en soit, d'après les termes de la lettre de J. Mathieu et le passage que nous venons de citer de l'ouvrage *Bordeaux et ses vins*, on peut bien supposer que la faïencerie de Fronsac était située sur le domaine de Beaulieu appartenant aujourd'hui à M. G. Gurchy, mais comme cette fabrique était peu importante et qu'elle n'a duré que peu de temps, il ne faut pas s'étonner qu'elle ait entièrement disparu.

Si nous ne pouvons indiquer d'une manière précise l'emplacement de la manufacture de Fronsac, nous sommes à même de fixer exactement l'époque où elle a débuté.

Lorsque Dumont se remarie, le 5 février 1765, il est encore qualifié « Directeur de la faïencerie de Libourne », mais quand il fait baptiser sa fille, le 8 mai suivant, il n'est plus qualifié que « ancien

_____
1. Pièce justificative n° 52, p. 68.

VII

directeur de la faïencerie de Libourne » [1] ; par conséquent c'est entre ces deux dates, c'est-à-dire entre les mois de février et de mai que Dumont quitta la faïencerie de M. Vande Brande à Libourne. D'un autre côté, au mois de juillet suivant, Dumont adresse une requête à l'Intendant de Bordeaux se plaignant que M. Vande Brande le menace de faire détruire son four et il demande l'autorisation de « continuer à faire valoir son établissement [2] ». On peut donc dire que c'est au printemps de l'année 1765 que la faïencerie de Fronsac fut construite et qu'elle commença à fonctionner.

Nous avons déjà fait connaître Dumont en parlant de la manufacture de Libourne, nous avons dit qu'originaire de Toulouse où il avait été faïencier, il travailla peut-être à Auch dans une fabrique et qu'il vint ensuite à Bordeaux où, en 1762, il passe un traité avec M. Vande Brande pour prendre la direction de son atelier de Libourne [3], et enfin que ce dernier étant mécontent de ses services, l'avait congédié au commencement de l'année 1765.

De plus nous avons fait savoir que Dumont était accusé par les ouvriers de la verrerie d'avoir empoisonné sa femme, décédée le 23 juin 1764 [4], pour épouser sa maîtresse. Nous allons voir que plus tard M. Vande Brande se servira de cette accusation portée contre Dumont pour l'empêcher de diriger la faïencerie de Fronsac qui était une concurrence pour la sienne. Il le menace d'abord de faire détruire son four et Dumont répond en adressant à l'Intendant une demande en autorisation de continuer, car à cette époque cette industrie était libre [5]. M. Vande Brande proteste alors et c'est dans sa lettre de protestation à l'Intendant de Bordeaux, en juillet 1765, qu'il donne les motifs qui l'auraient obligé à congédier Dumont, incapacité professionnelle et « conduite criminelle qui meritoit punition », allusion au crime dont celui-ci était accusé. M. Vande Brande se

1. Voy. l'acte de mariage à la page LII et l'acte de baptême à la pièce justificative nº 71, p. LII.
2. Pièces justif. nᵒˢ 45 à 47, p. 59 à 61.
3. Voy. l'analyse de ce traité pages XXXVII et XXXVIII.
4. Voy. l'acte de décès pièces justif. nº 52, p. 70.
5. Pièce justif. nº 47, p. 60 à 61.

plaint encore que la faïencerie de Fronsac est pour lui une concurrence déloyale, en présence des « privilèges que Sa Majesté a bien voulu lui accorder ».

L'Intendant de Bordeaux ouvre alors une enquête et charge son subdélégué à Libourne, M. Bulle [1], de lui fournir des renseignements. Celui-ci va visiter la faïencerie de Fronsac, il constate qu'il y a « un petit four, de la terre dans les fossés ou bassins et des ouvriers qui travaillaient ». Son rapport, daté du 16 août 1765 [2], est favorable à cet établissement, à moins que M. Vande Brande puisse produire « un privilège exclusif dans une étendue déterminée. » L'Intendant demande à M. Vande Brande une copie du privilège qui lui a été octroyé [3].

Sur ces entrefaites M. Mathieu, le propriétaire de la faïencerie, écrit lui aussi à l'Intendant de Bordeaux, le 9 septembre. « Ayant appris que monsieur Bulle était allé visiter une petite faïencerie que j'ai fait construire dans mon bien de Beaulieu sous la direction de Dumon... [4] » Cette première phrase nous démontre que la fabrique était la propriété de M. Mathieu et que Dumont n'en était que le directeur. M. Mathieu essaie ensuite de disculper Dumont de l'accusation grave qui pèse sur lui « d'avoir tué sa première femme et d'avoir eu un commerce illicite avec la seconde du vivant de la première », et il joint à sa lettre quatre documents : une lettre de M. Vande Brande à Dumont, datée du 27 décembre 1764, dans laquelle il lui conseille de ne pas s'inquiéter des calomnies dont il est l'objet, et une seconde lettre de M. Vande Brande au curé de Libourne, du 4 janvier 1765, par laquelle il lui marque qu'il ne voit aucun inconvénient à ce qu'il marie Dumont avec sa seconde femme et il promet même que le nouveau ménage sera autorisé à habiter dans la faïencerie. Les deux autres documents sont des extraits déli-

1. Léonard Bulle, président au Présidial, subdélégué de l'Intendant, ci-devant lieutenant-général au Sénéchal et ancien maire, décédé à Libourne, le 11 août 1773. (Reg. paroissial de Saint-Jean-Baptiste.)
2. Pièce justif. n° 49, p. 63 à 64.
3. Pièce justif. n° 50, p. 66, du 27 août.
4. Pièce justif. n° 52, p. 68 à 69.

vrés par le curé de Libourne du décès d'Anne Pradel, âgée de cin-
quante-quatre ans, épouse de Dumont, décès survenu le 23 juin 1764,
et du baptême en date du 8 mai 1765 d'une fille issue de ce mariage
« c'est-à-dire, conclut M. Mathieu, que cette enfant est venue au
monde onze mois après la mort de la première femme de Dumont ».
Mais ni M. Mathieu ni le curé de Libourne ne parlent du second
mariage de Dumont.

Les érudits sont parfois d'une indiscrétion impitoyable, nous avons
eu la curiosité, dans l'intérêt de la vérité historique, de rechercher
la date exacte du second mariage de Dumont et en parcourant les
registres paroissiaux de l'église Saint-Jean-Baptiste de Libourne, nous
avons relevé l'acte suivant : « Le 5 février 1765, Jean-Michel Dumont,
directeur de la faïencerie de Libourne, veuf d'Anne Pradel, fils de
Gabriel Dumont, fabriqueur de fayence, habitant de la paroisse
Saint-Étienne de Toulouse, épousa Françoise Grandet, fille de Jean
Grandet, maître cordonnier. » Ainsi, la fille de Dumont, baptisée le
8 mai 1765 était bien venue au monde onze mois après la mort de
sa première femme survenue le 23 juin 1764, mais trois mois seulement après son mariage avec sa seconde femme, la mère de l'enfant. Mais, comme l'écrit M. Mathieu en terminant et en lançant à
à M. Vande Brande la flèche du Parthe « si la censure des mœurs
influait sur les établissements, Monsieur Vande Brande devrait faire
chez lui une grande réforme ». C'était aussi l'avis de M. Bulle, le
subdélégué de Libourne : « Quand, après la mort de sa femme, écrit-
il à l'Intendant, Dumont aura vu la fille qu'il a épousée, je ne croi-
rais pas que ce fut une preuve de mauvaises mœurs, autrement le
nombre en serait bien grand [1] » !

Cette question de la moralité de Dumont étant vidée à son avantage et M. Vande Brande n'ayant pu établir qu'il avait un privilège
exclusif, l'arrêt du Conseil du 18 janvier 1757 ordonnant la délivrance
de lettres-patentes pour l'établissement de la faïencerie de Libourne
n'en parlant pas [2], le Contrôleur général Trudaine fit savoir à l'Inten-

1. Pièce justif. nº 51, p. 67, du 6 septembre 1765.
2. Voy. les pièces justif. nº 13 et 15, p. 18 et 20.

dant de Bordeaux, le 16 septembre 1765, que le Conseil du Roy approuvait l'établissement de Dumont à Fronsac.

Dumont peut donc continuer comme auparavant, comme il le faisait depuis le printemps de cette année 1765, à fabriquer de la faïence à Fronsac, mais quelle fut la durée de cette faïencerie, quels furent les produits sortis de ses fours, nous ne pouvons le dire. En dehors des pièces que nous publions ici concernant cet atelier céramique et dont la dernière est datée du 28 septembre 1765 nous n'avons rien trouvé pouvant nous éclairer à ce sujet. Nous perdons également la trace de Dumont, dans les registres paroissiaux de Fronsac, de Libourne ou de Bordeaux où nous aurions pu rencontrer quelque naissance d'enfant ou son propre décès, nous n'avons rien relevé. Dumont n'était pas vieux à cette époque, étant né en 1728 il n'avait que trente-sept ans, et n'ayant pas réussi peut-être à faire prospérer cette fabrique de Fronsac, il peut se faire qu'il ait quitté le pays et qu'il soit retourné dans sa ville natale à Toulouse. Les recherches qu'on fait en ce moment sur l'histoire des faïenceries de cette ville feront peut-être un jour constater sa présence dans la capitale du Languedoc.

D'ailleurs, nous ne croyons pas que la manufacture de Fronsac ait eu une bien longue existence, d'abord parce qu'elle n'avait pas été construite sur un bien grand pied, le subdélégué de Libourne le dit lui-même lorsqu'il va la visiter, il ne parle que d'un « petit four [1] » et M. Mathieu écrit lui aussi à l'Intendant qu'il n'a fait construire sur son bien qu'une « petite faïencerie »[2], et ensuite parce qu'elle ne pouvait lutter contre la concurrence de l'atelier de Libourne qui lui-même périclitait et contre ceux de Bordeaux. Son insuccès était inévitable et ce ne fut certainement qu'une faïencerie éphémère.

Quoi qu'il en soit, les notes et documents que nous avons cru devoir publier sur cette fabrique ne seront pas inutiles; ils serviront à faire connaître le mouvement important qui s'est produit au xviiie siècle dans l'industrie céramique dans le Sud-Ouest de la France.

1. Pièce justif. nº 11, p. 63, du 16 août.
2. Pièce justif. nº 12, p. 68, du 9 septembre.

§ 3. — Faïencerie de Lussac (1780-?)

La commune de Lussac, très heureusement située sur le penchant méridional des côteaux qui descendent vers le ruisseau de Lussac et qui séparent les belles et fertiles vallées de l'Isle et de la Dordogne, est aujourd'hui un chef-lieu de canton de l'arrondissement de Libourne, à quinze kilomètres de cette ville, mais n'était au xviiie siècle qu'une simple paroisse de la juridiction de Puynormand, localité importante alors, principal centre de la région, mais bien déchue depuis la Révolution, lorsque Lussac fut devenu chef-lieu de canton, et dont la population s'est abaissée à 380 habitants.

Lussac comptait sous Louis XV 577 feux [1], ce qui fait plus de deux mille habitants et aujourd'hui la population ne s'élève plus qu'à 1.830 habitants. Cet abaissement de population provient de ce que depuis la Révolution on lui a enlevé le plus beau joyau de sa parure, la partie de son territoire où se trouvait l'abbaye de Faize, abbaye de Cisterciens fondée en 1137 par Pierre, vicomte de Castillon, territoire dont on a fait vers 1855 la commune des Artigues. Il ne reste plus de l'abbaye de Faize que des ruines assez imposantes encore [2].

On a trouvé à différentes époques à Lussac des antiquités romaines, et tout dernièrement encore au village de Barat, les restes d'une villa gallo-romaine [3]. Les habitants ont même cru pendant longtemps posséder un monument druidique, un dolmen; plusieurs auteurs

---

1. Anné d'Expilly, *Dictionnaire des Gaules*, op. cit.

2. Voy. sur l'abbaye de Faize, *Transaction portant partage des revenus de l'abbaye de Faize* par le Dr E. V... dans la *Revue Libournaise*, t. 2 et 3 (1900-1901), avec une vue des ruines actuelles, Guinodie, *Histoire de Libourne*, op. cit., t. III, qui donne la liste des abbés dont le revenu était, au xviiie siècle, d'après l'abbé d'Expilly, de 4.500 livres, et *Documents sur l'abbaye de Faize*, dans *Archives historiques de la Gironde*, t. XXXVIII (1903), p. 164 et suiv.

3. Voy. *Rapport sur la Station Gallo-romaine de Lussac*, par Al. Nicolaï, Société archéologique de Bordeaux, t. XXII (1897), p. 57 et suiv., et *Lussac gallo-romain*, par E. Courbiaau, *Ibid.*, t. XXIII (1898-99), p. 7 et suiv., fig.

comme Ducourneau [1], Guinodie [2], Gassies [3] les en avaient persuadés et il a fallu qu'un écrivain très compétent, mais très incrédule en matière d'archéologie préhistorique [4], vînt les en dissuader et leur démontrer que leur dolmen n'était qu'un bloc calcaire détaché d'une colline voisine. Ce fut sans doute pour les habitants de Lussac une grande déception, car il n'est pas donné à tout le monde de pouvoir montrer une pièce archéologique d'un aussi haut intérêt et sur laquelle on avait cru reconnaître déjà des traces certaines de sacrifices humains !

Tout le territoire de Lussac était autrefois couvert de bois, comme le bois de Faize par exemple où se cachait l'abbaye de ce nom, mais ces bois ont été remplacés en grande partie dans la seconde moitié du XIXᵉ siècle par de grands vignobles dont les produits ont la prétention de rivaliser avec les célèbres vins de Saint-Émilion qui se récoltent non loin de là. « Les vins de Lussac, a écrit M. Féret, se rapprochent beaucoup de ceux de Saint-Émilion, par leur sève et leur couleur, ils supportent très bien les voyages et gagnent beaucoup en vieillissant [5]. »

Tout ce pays, admirablement arrosé par la Dordogne, l'Isle et leurs nombreux affluents, possède des dépôts d'argile dans les vallées et il dut y avoir de tout temps et depuis l'époque gallo-romaine des potiers et des tuiliers qui trouvaient sur les lieux les matières premières utiles à leur industrie. Quoique les nombreuses carrières de pierre qui existaient dans la région, comme celles de Saint-Émilion, fournissent les premiers éléments de construction pour les maisons, les tuiliers trouvaient un débouché facile pour leurs produits : les tuiles pour la couverture, les briques pour les cloisons et les carreaux pour le revêtement du sol. Quant aux potiers ils fabriquaient tous ces ustensiles que nous voyons encore dans nos ménages, casseroles, pots,

1. *La Guienne historique et monumentale*, t. I (1842), p. 9, pl. lithog.

2. *Histoire de Libourne*, t. III, op. cit.

3. *Progrès des Études préhistoriques dans la région du Sud-Ouest de la France depuis trois ans*, Société archéologique de Bordeaux, t. II (1875), p. 117.

4. Léo Drouyn, *Un dolmen apocryphe*, Société archéologique de Bordeaux, t. III (1876), p. 55-56 et fig.

5. *Bordeaux et ses vins* (1908), op. cit.

pichets, terrines dites dans le pays *gardales* ou *gardalots*[1], poteries mates ou vernissées, aux couleurs verte, jaune ou marron et auxquelles le tourneur avait su donner des formes parfois très élégantes. Ces tuiliers et potiers, qui constituaient peut-être la seule industrie qui existât dans ce pays avant tout agricole, pouvaient facilement expédier leurs produits au loin, par l'Isle et la Dordogne, dans les grands centres comme Libourne et Bordeaux.

Il y a encore à Lussac, tout près du ruisseau de ce nom et non loin du fameux pseudo-dolmen, un lieu dit La Tuilerie et c'est peut-être là qu'à la fin du xviiie siècle on établit la faïencerie qui va faire l'objet de ce dernier paragraphe.

En juillet 1780, un nommé Henry Seguin, qualifié faïencier à Lussac, demande au subdélégué de Libourne, Favereau, d'être autorisé à prendre chez les propriétaires de cette paroisse où il a établi une faïencerie, les terres nécessaires, argiles et sables, à la fabrication de la faïence. Le subdélégué de Libourne en réfère à l'intendant de Bordeaux, Dupré de Saint-Maur et après une très courte enquête celui-ci émet, huit jours après, une ordonnance autorisant Henry Seguin « entrepreneur d'une fabrique de fayence dans la paroisse de Lussac » de prendre dans la dite paroisse les terres et sables qui seront utiles à ses ouvrages dans les lieux spécialement désignés par le subdélégué de Libourne et avec indemnité aux propriétaires, de gré à gré ou à dire d'experts.

Ces deux documents[2], la lettre du subdélégué de Libourne à l'Intendant de Bordeaux et l'ordonnance de Dupré de Saint-Maur, les deux dernières de nos pièces justificatives, nous ont appris ce que nous venons de résumer et nous faire connaître l'existence d'une faïencerie à Lussac qui n'avait jamais été encore signalée. C'est tout ce que nous avons pu savoir sur cette fabrique qui fonctionnait en 1780, ces documents ne laissent aucun doute à ce sujet, mais dont il nous est impossible de fixer le début, la durée et l'emplacement

1. Du roman *Garsala*, terrine, Mistral, *Dict. Provençal-Français.*
2. Pièces justificatives nos 58 et 59, p. 76 et 77.

qu'elle occupait d'une manière précise. Cependant cette demande du faïencier de prendre des terres chez les propriétaires de la paroisse pourrait prouver qu'il venait de s'établir, et d'un autre côté, comme Seguin était encore à Lussac en 1788, on peut supposer que cet atelier a fonctionné de 1780 à la Révolution, jusque vers 1789. Quant à l'emplacement sur lequel Seguin put construire ses fours, nous avons déjà supposé qu'il pouvait être celui du lieu dit La Tuilerie, mais ce n'est qu'une simple hypothèse, car nous ne pouvons rien affirmer à ce sujet.

Si nous ne savons que peu de choses sur la faïencerie de Lussac, nous possédons plus de renseignements sur son entrepreneur dont le nom appartient à l'histoire générale de la céramique dans l'ancien Bordelais.

Au mois de mars 1777 Henry Seguin, qualifié faïencier et demeurant à Bordeaux, rue Notre-Dame, aux Chartrons, loue avec Joseph Maignan, faïencier également, une maison située sur le chemin de Saint-Genès, dans la paroisse Sainte-Eulalie, faubourg de Bordeaux, une maison où se trouvaient un fonds et les ustensiles d'une faïencerie que lesdits Seguin et Maignan avaient achetés le même jour à un négociant bordelais auquel ils appartenaient [1]. Nous savons d'un autre côté que cet atelier de faïencerie du chemin de Saint-Genès avait été construit par Claude Clérissy en 1771 et qu'il l'avait exploité pendant quelque temps en société avec Jacques Vidal, peintre en faïence [2].

Nous ne pouvons laisser passer ce nom de Clérissy sans rappeler qu'il est célèbre dans l'histoire de l'art céramique ; il a été porté par une famille de faïencers de Moustiers dans les Alpes dont les produits remarquables sont aujourd'hui très recherchés. Un membre de cette famille alla à Marseille, à la fin du XVIIᵉ siècle, diriger la manu-

---

1. Acte de vente du 12 mars 1777 par devant Duprat, notaire à Bordeaux (Archives dép. de la Gironde, série E (notaires) nᵒ 1028), et bail à loyer du même jour, *Ibid.*, *Ibid.*

2. Acte d'association par devant Lacoste fils, notaire à Bordeaux, du 7 janvier 1771 (Archives dép. de la Gironde, série E, notaires).

facture de Saint-Jean-du-Désert, son fils, Jean-Baptiste, se fixa d'abord à Montpellier, puis à Bordeaux où il arriva vers 1715 et travailla comme peintre en faïence dans la grande manufacture que Hustin venait de créer dans le faubourg Saint-Seurin. Claude Clérissy, l'associé de Jacques Vidal, était fils de Jean-Baptiste : il était né à Montpellier en 1707, vint avec son père à Bordeaux et comme lui travailla plus tard chez Hustin. En 1771, il monta, comme on vient de le voir, une faïencerie pour son compte qui ne réussit pas probablement, car plus tard on le trouve toujours à Bordeaux simple marchand de faïence.

Claude Clérissy se maria trois fois, la dernière fois en 1792, il avait alors soixante-cinq ans [1]. La présence des Clérissy à Bordeaux n'avait jamais été signalée par les historiens des célèbres faïenciers de Moustiers [2].

Quand à Henry Seguin, notre faïencier de Lussac, il se sépare de son associé Maignan la même année de leur association, le 23 décembre 1777 [3]. Le 29 juillet il avait épousé à Saint-Émilion Marie-Angélique Bourgonon, *alias* Bourguignon [4] et c'est ce mariage qui l'attira dans le pays et qui lui fit abandonner la faïencerie du chemin de Saint-Genès pour venir en créer une autre à Lussac. Il était encore dans cette paroisse en 1788 : en 1786, le 12 décembre, il y fait baptiser un fils et le 13 décembre 1788 a lieu un autre baptême, celui de Marguerite, fille de Henry Seguin et de Marie-Angélique Bourguignon, née dans le bourg [5]. Ce sont ces deux baptêmes qui nous ont fait supposer que sa faïencerie fonctionnait encore à cette époque.

1. Nous avons relevé plusieurs actes de baptême, de mariage et de décès concernant Claude Clérissy et sa famille, nous les ferons connaître dans l'histoire que nous comptons écrire des faïenceries bordelaises.

2. L'abbé Requin dans son *Histoire de la faïence artistique de Moustiers*, dont le premier volume seul a paru en 1903, donne la généalogie complète des Clérissy de Moustiers et de Marseille, mais il n'a pas connu ceux de Bordeaux.

3. Acte de dissolution de société par-devant Duprat, notaire à Bordeaux (Archives dép. de la Gironde, série E, notaires, n° 1028).

4. Reg. paroissial de Saint-Martin-de-Mazerat.

5. Reg. paroissiaux de Lussac.

Les produits de l'atelier de Lussac nous sont tout aussi inconnus que ceux de Fronsac. C'est dans les anciennes familles du pays qu'on pourrait en trouver et c'est là que les collectionneurs devraient les chercher et tâcher d'identifier ces vieilles faïences locales.

Les *Notes et Documents* que nous publions aujourd'hui n'ont que le seul mérite d'avoir fait connaître pour la première fois trois faïenceries ayant existé dans la seconde moitié du XVIIIe siècle à Libourne, à Fronsac et à Lussac; les documents qu'on trouvera ici comme pièces justificatives, pièces officielles d'archives, ne laissent aucun doute sur l'existence de ces trois fabriques à cette époque et, dans les notes dont nous les avons accompagnés, nous avons essayé d'établir, avec l'aide de ces documents et avec les renseignements pris à d'autres sources, l'emplacement occupé par ces fabriques, les noms de leurs propriétaires et de leurs directeurs, la durée de leur fonctionnement. Mais nous n'avons pu remplir ce programme qu'en partie et nous laissons à d'autres le soin de le compléter.

Quoi qu'il en soit et telle qu'elle est, aussi incomplète qu'elle soit, cette publication aura son utilité. Elle fait partie de la série des publications du même genre que nous avons déjà faites sur des faïenceries inconnues de la Gascogne, de l'Agenais et du Bazadais, de celles que nous préparons sur certaines fabriques du Périgord, de l'ancien Bordelais et de la ville de Bordeaux [1], et qui pourront servir plus tard à écrire l'histoire générale de la céramique dans le Sud-Ouest de la France.

1. Voy. au verso du faux-titre de ce volume la liste de ces publications.

PIÈCES JUSTIFICATIVES

DOCUMENTS CONCERNANT

LA VERRERIE ET LA FAÏENCERIE DE LIBOURNE

ET

LES FAÏENCERIES DE FRONSAC ET DE LUSSAC

*Provenant des Archives Nationales, des Archives départementales de la Gironde
et des Archives Municipales de Libourne.*

Extrait du T. XLIII (1908) des *Archives historiques de la Gironde*.
Tiré à cinquante exemplaires.

DOCUMENTS

CONCERNANT LA VERRERIE ET LA FAÏENCERIE DE LIBOURNE ET LES FAÏENCERIES DE FRONSAC ET DE LUSSAC

(1748-1780)

Transcrits et communiqués par M. Ernest Labadie.

I. — DÉLIBÉRATION du Conseil du Commerce au sujet d'une demande d'établissement d'une verrerie à Libourne.

Archives Nationales, F¹² (Conseil du Commerce), 95, p. 557.

Du Mecredy 26 juin 1748.

M. Le Tourneur a dit ensuite que le sieur Vandebrande, bourgeois de la ville de Bordeaux, avoit présenté requête, par laquelle il avoit demandé : 1° qu'il luy soit permis d'établir dans la ville de Libourne, pendant trente années, une manufacture de verres, cristaux, verres à vitre, bouteilles et autres ouvrages de verrerie et matières vitrifiées, à l'exception des glaces, et ce sur des terrains qu'il acheteroit en suivant l'estimation qui en seroit faite de gré à gré par des experts dont les parties conviendroient, ou qui seroient nommés d'office par M. l'Intendant, sous l'offre de n'employer au chauffage des fours de ladite verrerie que du charbon de terre ; 2° qu'il soit deffendu à toutes personnes autres qu'aux entrepreneurs des verreries dejà etablies à Bordeaux et à Bourg de former pendant ledit tems de trente années aucuns semblables etablissemens, à peine de tous depens, domages et intérêts ; 3° qu'il luy soit permis de prendre des associés sans, à l'égard des nobles, deroger à noblesse, avec l'exemption de guet et garde, logement de gens de guerre et autres charges publiques, tant pour luy que pour les ouvriers de la fabrique ; 4° de pouvoir trans porter les dites marchandises de sa fabrique dans toutes les villes du royaume, y etablir des magazins et les faire vendre par telles personnes qu'il jugera à propos ; 5° de pouvoir mettre au dessus de sa porte l'inscription de *Manufacture Royale* et avoir un portier à la livrée de S. M. ; enfin de faire venir du charbon de terre de tels endroits qu'il aviseroit, même d'Angleterre, en payant les droits ordinaires. M. de Tourny, intendant à Bordeaux, à qui cette demande a eté communiquée, a pris la precaution d'obliger cet entrepreneur d'annoncer cet etablissement au public pour sçavoir si quelqu'un avoit interét à s'y opposer, et que personne ne l'ayant fait, pas même les entrepreneurs de verreries de Bordeaux et de Bourg, et M. l'Intendant a estimé qu'il n'y avoit aucun inconvenient de permettre ce nouvel etablissement, qui ne pouvoit qu'être avantageux au public, et qu'on pouvoit permettre cet etablissement pendant trente années avec la liberté d'y associer les personnes qu'il aviseroit, mais que cette permission ne devoit être qu'à condition que ces entrepreneurs n'employeroient au chauffage de leurs fours que du charbon de terre. M. l'Intendant a ajouté qu'à l'egard des antres privilèges demandés par ces entrepreneurs, il devoit leur être accordé tels qu'ils l'avoient eté à l'entrepreneur de la verrerie de Bourg. Et MM. les deputés ayant adopté l'avis de M. l'Intendant, MM. les commissaires ont eté de sentiment unanime de rendre un arrêt qui accorde la demande du sieur Vandebrande.

II. — ARRÊT du Conseil du Commerce relatif à l'établissement d'une verrerie à Libourne.

Archives Nationales, F¹² (Conseil du Commerce), 95, p. 564-567.

Du 26 juin 1748.

Arrêt rendu au raport de M. Le Tourneur dans la presente seance, qui permet au sieur Vandebrande de faire l'etablissement d'une verrerie près la ville de Libourne.

Sur la requête presentée au Roy en son Conseil par Jacques Philipes Vandebrande, bourgeois de la ville de Bordeaux, contenant etc... Vu l'avis du sieur Intendant et celuy des Deputés du Commerce, ouy le raport du sieur de Machault, conseiller, etc. Le Roy en son Conseil, ayant aucunement egard à ladite requête, a permis et permet audit Vandebrande d'etablir et de faire construire des fourneaux et autres batimens necessaires à une manufacture de verrerie sur le terrein qu'il achetera de gré à gré seulement hors de la ville de Libourne et à une distance convenable pour que les habitants de ladite ville n'en soyent pas incommodés, et de fabriquer et faire fabriquer dans ladite manufacture des cristaux, des verres, bouteilles et autres ouvrages de verrerie pour par luy, ses hoirs et ayant cause, jouir de ladite faculté, ainsy que des privilèges accordés aux maîtres des verreries du royaume, pendant l'espace de trente années consecutives, à compter du jour de l'enregistrement des lettres patentes qui seront expediées sur le present arrêt; faisant S. M. très expresses inhibitions et deffenses à toutes personnes, de quelque qualité et condition qu'elles soyent, d'etablir pendant ledit tems aucunes pareilles fabriques dans le lieu où ledit Vandebrande fera ledit etablissement et dans la distance de cinq lieues aux environs de ladite ville de Libourne, à peine de tous depens, dommages et interêts, à condition, neanmoins, que ledit Vandebrande n'employera dans la fabrique que du charbon de terre, qu'il pourra tirer de tels endroits du Royaume qu'il avisera et même d'Angleterre, payant les droits ordinaires et accoutumés; permet S. M. audit Vandebrande d'associer à ladite entreprise telles personnes qu'il avisera, soit nobles ou roturiers, sans deroger à noblesse. Veut S. M. que les ouvriers qu'il emploiera dans ladite fabrique soient exemts de guet et garde, de la milice et du logement de gens de guerre; permet en outre S. M. audit Vandebrande de vendre en gros et d'envoyer dans tout le royaume et ailleurs les verres, cristaux, bouteilles et autres ouvrages de verrerie qu'il fera fabriquer aux M^{ds} et autres personnes qui luy en demanderont, sans en pouvoir faire vendre en detail, soit en boutique ouverte ou en magasin, ailleurs que dans sa dite manufacture et dans les foires, pendant lesquelles il pourra vendre et faire vendre par telles personnes et ainsy qu'il jugera à propos; et seront sur le present arrêt toutes lettres necessaires expediées.

III. — **REQUÊTE** du sieur Jacques Philippe Vande Brande aux maire et jurats de Libourne pour établir dans cette ville une verrerie.

Archives municipales de Libourne, BB. 25.

Du 15 novembre 1749.

Ce jourd'huy, quinziesme du mois de novembre mil sept cens quarante neuf, s'est presenté en jurade sieur Jacques Philippe Vande Brande, negociant de Bordeaux, lequel a dit que par arrest du Conseil d'Estat du Roy, du 27 aoust 1748, et lettres patentes obtenues sur icelluy le cinquième octobre suivant, Sa Majesté, pour les causes y contenues, luy auroit permis d'etablir, hors de la presente ville, une manufacture pour y fabriquer des cristaux, verres, bouteilles et autres ouvrages de verrerie, à l'exception des glasses ; après quoi il se seroit rendu dans la presente ville, il y auroit trouvé le lieu appellé au Fourat propre pour sa manufacture, auroit prié M^{rs} les maire et jurats d'alors de luy en conceder une partie, ce qui luy fut promis ; lors qu'il se proposoit de mettre la main à cet établissement, la veuve du sieur Michel, bourgeois de Bordeaux, y auroit formé opposition, produit ses memoires, ledit sieur Vande Brande y auroit fourny des reponces ; lesdits sieurs maires et jurats auroient, de leur part, presenté au Conseil un memoire tendant à ce qu'attendu l'avantage considerable que tireroit ladite ville dudit etablissement, il pleut à Sa Majesté ordonner que l'arrest du Conseil d'Estat, du 27 aoust 1748, seroit executé suivant sa forme et teneur, ce qui a enfin eté ordonné par un second arrest du vingt six aoust 1749 ; ledit sieur Vande Brande, de l'avis de monseigneur le marquis de Tourny, commissaire departy, se seroit rendu dans cette ville le vingt un du mois passé, auroit piqueté audit lieu du Fourat le terrain qui lui est necessaire, à prendre de la part du nord et sur les fonds acquis par la communauté du nommé Souchet ; de ce vaste terrain du Fourat, ledit sieur Vande Brande n'en a piqueté qu'une partie faisant un carré long, large de cent douze pieds sur cent soixante en longueur, à commencer par le grand chemin de Coutras, laissant un chemin de cinquante pieds de large entre le terrain piqueté et la vigne du sieur Challon à l'entrée dudit chemin de Coutras, et de trente pieds au bout de son alignement, du coté du couchant, n'ayant pu faire autrement pour former son dit carré. C'est cet emplacement qu'il desire d'arenter, sous le devoir d'un sol d'acapte ou d'exporle, et vingt cinq livres de cens et rente foncière et directe, annuelle et perpetuelle, payable à la fin de l'année, à comter du jour de l'arantement et à continuer à perpetuité.

La communauté y trouvera ce double avantage, le premier en ce qu'elle augmentera son revenu et peut esperer un casuel considérable par l'emulation ; l'autre en ce que cette manufacture sera un ornement pour la ville, un atrait pour batir des maisons aux environs ; le pauvre y trouvera de quoi gaigner d'autres petits secours, et bien des personnes d'honnête famille y trouveront des employs qui leur rendront considerablement, et le public y gaignera aussy par le bon marché des ouvrages qui s'y fabriqueront.

Le sieur Vande Brande desireroit, en second lieu, que la communauté luy donnat, sous une autre rente dont on conviendroit, la continuité de ce même terrain piqueté et sur la même longueur jusques au chemin qui reigne le long de la rivière et conduit au chay dudit sieur Challon, afin d'y faire une sortie pour la comodité des transports pour l'ouvrage de la verrerie. La communauté y trouveroit aussy des avantages : d'un coté, une augmentation de rente, de l'autre, le sieur Vande Brande faisant un beau jardin de cet emplacement, les mutations qui pourroient y survenir produiroient à la communauté des droits seigneuriaux considerables ; le restant du terrain est plus que suffisant pour ce delestage du sable, eu egard même à la grande consommation qu'en fera journellement la verrerie : il n'y a donc aucune raison pour refuser les arantements. Le sieur Vande Brande prie M^{rs} les maire et jurats de deliberer sur les deux objets cy dessus. Fait à Libourne, ledit jour et an que dessus. [Signé : VANDE BRANDE.

Veu le dire cy dessus du sieur Vande Brande, ensemble les deliberations du vingt sept septembre mil sept cens trente huit et l'arrêt du Conseil du vingt six juillet de ladite année y esnoncé, ouy le procureur sindic, a eté deliberé qu'attendu que par lesdites deliberations l'indication a eté faite de l'emplacement dont il s'agit sous le nom du lieu du Fourat pour le depot du lest en sable, et que par cette raison la magistrature ne peut en disposer une seconde fois, quoy que l'emplacement soit plus estandu qu'il n'est necessaire pour le depot dudit lest, ledit sieur Vande Brande se pourvoira vers monseigneur le marquis de Tourny, intendant de la province, pour suplier Sa Grandeur de donner à ce sujet les ordres qu'elle trouvera à propos et ce sans prejudice de la fixation quy sera faite de la renthe que ledit sieur Vande Brande payera à la communauté, sy l'emplacement qu'il a piqueté luy est accordé, estimant que celluy qu'il demande anssy au dessous pour en faire un jardin ne peut luy estre donné à cause de la susdite indiquation, et que la communauté n'en a pas d'autre pour servir à déposer le lest.

Fait à Libourne, dans l'Hôtel de Ville, le dix sept novembre mil sept cens quarante neuf.

[Signé] : Decaze, maire; Seraffon, jurat; Lafon, jurat; Trigant, procureur sindic.

IV. — DÉLIBÉRATION de la Jurade de Libourne pour la concession d'un terrain, au lieu dit du Fourat, propre à la construction de la verrerie.

Archives municipales de Libourne, BB, 25.

Du 22 novembre 1749.

Ce jour vingt deuxième du mois de novembre mil sept cens quarante neuf, en jurade, veu les offres faites par le sieur Jacques Philippe Vande Brande, negociant de Bordeaux, du quinziesme du present mois, avons, sous le bon plaisir du Roy et de monseigneur le marquis de Tourny, intendant de la province, et du consentement du sieur Lafon, jurat, faisant les fonctions du procureur sindic absent, donné à fief nouveau et moyennant arantement, au sieur Vande Brande le terrain par lui picqueté, scitué au lieu du Fourat, à prendre de la part du nord, et sur les fonds acquis par la communauté, du nommé

Souchet, faisant un carré long, large de cent douze pieds sur cent soixante en longueur, à commencer par le grand chemin de Coutras, laissant un chemin de cinquante pieds de large entre le terrain picqueté et la vigne dudit Challon, à l'entrée dudit chemin de Coutras, et de trente pieds au bout de son alignement, du costé du couchant, sous le devoir d'un sol d'acapte ou d'exporle, et vingt cinq livres de rente foncière et directe annuelle et perpetuelle, payable à la fin de l'année à comter du jour de l'arantement, et à continuer à perpetuité, payable ez mains du tresorier de la communauté, le tout porté par lesdits offres, à ces fins qu'il en sera par ledit procureur sindic passé contract par devant notaire en faveur dudit sieur Vande Brande, et ce conformement aux soummissions par lui faites dans ses dires du vingt huit janvier dernier et quinze du present mois, ladite concession prealablement approuvée et authorisée par mondit seigneur l'Intendant.

Fait à Libourne, dans l'hôtel de ville, ledit jour, vingt deuxiesme novembre mil sept cens quarante neuf.

Decazes, maire; Seraffon, jurat; Lequin de S* Remy, jurat; Lemoine, jurat; Lafon, jurat, pour le procureur sindic absent.

V. — DÉMARCHE de Jacques Philippe Vande Brande auprès des jurats de Libourne et délibération de la jurade concernant la verrerie.

Archives municipales de Libourne, BB, 25.

Du 29 decembre 1749.

Ce jour vingt neufviesme du mois de decembre mil sept cens quarante neuf, en jurade s'est presenté sieur Jacques Philippe Vande Brande, negociant de Bordeaux, lequel a dit que la magistrature luy ayant concedé, par deliberation du vingt deux novembre dernier, un emplacement scitné au lieu appellé Fourat, suivant le piquetement qui en a eté fait, contenant cent soixante pieds en longueur sur cent douze en largeur, pour y batir des ediffices propres à une verrerie, sous une rente specifiée par ladite deliberation, à raison de laquelle concession il doit luy en être passé contract par le procureur sindic, en ce que ladite deliberation seroit prealablement authorizée par Mgr l'Intendant, Sa Grandeur a eu la bonté d'accorder son autorisation au pied de l'expedition qui luy a été delivré de son dire, de la reponce de la magistrature et de la deliberation des 15 septembre et 22 dudit mois de novembre, laquelle dite ordonnance d'autorisation dattée du quatorze du present mois, signée : Aubert de Tourny. ledit sieur Vande Brande represente, pour être enregistré au present registre et demeurer en ses mains, et qu'en consequence, le contract luy soit passé aux formes en tel cas requises, observant que, dans la mesure qui a eté faite du terrain piqueté, le pied a eté porté à treize pouces, ainsy qu'il est d'usage, ce qu'il a obmis d'enoncer dans son dire dudit jour quinze novembre, et ce qu'il represente pour prevenir les difficultés, afin que l'enonciation de ladite mesure soit faite dans le contract qui sera passé à ce sujet, et a signé : Vande Brande.

Sur quoy, veu les susdits dire, deliberation et autorisation de monseigneur l'Intendant, ouy le procureur sindic, avons deliberé que la susdite ordonnance d'autorisation sera enregistré en marges de la concession qui a eté faite audit sieur Vande Brande du susdit terrain dont s'agit, pour l'expedition au pied de laquelle est la susdite ordonnance d'autorisation demeurer ez mains dudit Vande Brande, et que dans le contract qui sera consenty par ledit procureur sindic en faveur du sieur Vande Brande, il sera esnoncé que le pied avec lequel le susdit terrain a eté mesuré est de treize pouces de longueur.

Fait à Libourne, dans l'hôtel de Ville, ledit jour, vingt neufvième decembre mil sept cens quarante neuf.

Decaze, maire ; Lequien de St Remy, jurat ; Lemoine, jurat ; Lafon, jurat.

————

VI. — **DEMANDE** d'autorisation adressée à Audibert de Lussan, archevêque de Bordeaux, par Jacques Philippe Vande Brande, pour faire construire une chapelle dans la verrerie qu'il possède à Libourne.

Archives départementales de la Gironde, G, 664.

A Monseigneur l'Illustrissime et Reverendissime Louis Jacques d'Audibert de Lussan, archevêque de Bordeaux, primat d'Aquitaine, conseiller du Roy en tous ses conseils.

Suplie humblement Jacques Philippe Vande Brande, proprietaire de la manufacture royalle etablye à Libourne, disant que, par arrêt du Conseil d'Etat teneu à Versailles, en datte du 27 aout 1748, il a eté permis au supliant de faire construire une mannfacture pour y fabriquer des cristeaux, verres à vitres et bouteilles, et d'avoir les armes de France au dessus de la principale porte d'entrée, avec l'inscription *Manufacture Royalle*, ainsy qu'un Suise à la livrée du Roy et autres prerogatives attachées à laditte maison ; lesdits privilèges ont eté confirmés par des lettres patentes en datte du 5 octobre 1748.

En consequence le supliant a fait construire près et hors les meurs de la ville de Libourne une grande vererie à deux cors de fourd conformes aux plands cy attachés, quy selon l'aveu de tout le monde forme la plus belle manufacture qu'on ait veu dans le genre ; et come il faud plus de soixante dix ouvriers pour faire aller ladite manufacture et que, quand le feu est allumé une fois aux fourneaux, il faut indispensablement qu'ils aillent et travaillent fêtes et dimanches, ne pouvant s'eteindre sans une perte de plus de dix mille livres, et que les ouvriers qui y travaillent fêtes et dimanches, toujours dans le feu, sont tous suants et à la nage et ne peuvent ou ne veulent, sous pretexte de s'attrapper du mal, sortir pour entendre la sainte messe ; et que mesme plusieurs desdits ouvriers, quy se trouvent de relay les fettes et dimanche, ne vont point à la messe, et qu'on ne peut y avoir l'œil sur tous sens les rassembler dans le mesme lieu, le supliant a creu en concience estre obligé d'exposer ces raisons à Vostre Grandeur, afin qu'il luy plaise accorder la permission de faire construire et orner à ses depends une chapelle dans la basse court de la manufacture du côté de l'orient et dans l'endroit designé par le plan, quy est eloigné des apartements de ladite maison et quy paroit le lieu le plus decent pour y batir laditte chapelle, dans laquelle le supliant y feroit dire la messe et faire les prières pour les ouvriers de sa dite manufacture et les obligeroit à y assister. Mr Poncet, curé dudit Libourne, a eu l'honneur d'en parler à Monsieur Ferbos, grand vicaire de Votre Grandeur.

Le supliant prend ausy la liberté de luy faire observer qu'à la vererie de Sève (*sic*), près Paris, ainsi qu'à celle de Villeneuve Saint-George, il y a une chapelle et que lesdites manufactures ne sont pas de la consequence de celle de Libourne.

Ce consideré, Monseigneur, il vous plaise de vos graces permetre au supliant de faire construire et orner à ses depends une chapelle dans la base court de sa manufacture, dans le lieu indiqué par son plan et reservé à cet effet, n'ayant aucune habitation par desous ny desus non plus qu'aux cottés; afin que le supliant, ainsy que toute sa maison, puisse y redoubler ses veux et prières pour la santé et prosperité de Vostre Grandeur.

VANDÉ BRANDE.

VII. — REQUÊTE de Pierre Tastet, bourgeois de Bordeaux, au Roi pour l'établissement d'une faïencerie à Libourne, avec privilège.

Archives nationales, F¹² (Conseil du Commerce) 1497².

Sire,

Pierre Tastet, bourgeois de la ville de Bordeaux, represente très respectueusement à Votre Majesté qu'il serait fort avantageux pour la ville de Libourne, située en Guyenne, pour les lieux circonvoisins, et même pour toute la province, qu'il y eut dans cette ville une manufacture de fayancerie. Nulle raison ne peut s'opposer à cet etablissement, qui par lui-même sera très utile.

Il n'y a dans toute la province de Guyenne qu'une seule manufacture de fayance, etablie à Bordeaux, qui est insufisante pour fournir à cette ville et à nos colonies la fayance qui luy est necessaire, qu'on tire presque toute de l'etranger. La consommation de cet article est aussi forte que celle des bouteilles ; il y a cependant quatre vereries etablies par privilège dans la senechaussée de Guienne, tandis qu'il n'y a qu'une fayancerie. Quels que soient les privilèges du sieur Hustain, proprietaire de la fayancerie de Bordeaux, ils ne peuvent avoir plus d'extention que ceux de la vererie de la même ville, qui portent dix lieux à la ronde d'exclusion pour semblables etablissements. Ils n'ont cependant pas empêché qu'il n'en fut permis un second dans le même genre à Libourne et un troisième à Bordeaux.

Libourne est eloignée de Bordeaux de douze lieux par eau et fait une ville agreable et commerçante, qui fleurira daventage par la faculté du commerce de l'Amérique qu'elle vient d'obtenir de Votre Majesté. L'etablissement d'une fayancerie y formera un embelissement ; la quantité d'ouvriers qui seront employés à l'exploitation de cette manufacture fairont une consommation des denrées du pays ; le prix de la fayance diminuera ; le public pourra choisir et ne sera pas à même d'en tirer de l'etranger.

A ces causes, le suppliant porte ses très humbles representations au pied du throne et conclut à ce qu'il plaise à Votre Majesté luy accorder le privilège d'une fayancerie dans la ville ou avant lieu de Libourne, senechaussée de Guyenne, et, pour le dedommager des depenses extraordinaires qu'il sera obligé de faire pour la construction des fourneaux et batiments necessaires à cette fabrique, interdire tout autre etablissement du même genre à dix lieues à la ronde durant l'espace de trante ans, à peine de tous depans, dommages et interéts, comme aussy accorder au suppliant la permission d'associer à cette entreprise telles personnes qu'il avisera, soit nobles ou roturiers, sans deroger à noblesse, luy donner la liberté de faire poser au dessus de la principale porte de sa fabrique cette inscription : *Manufacture Royalle*, et d'y avoir un portier à la livrée de Votre Majesté, et luy accorder tous les droits, prerogatives et privilèges qui ont eté ou seront cy après accordés aux etablissements du même genre, et ordonner que toutes lettres patentes necessaires seront expediées sur l'arrest qui interviendra. Le suppliant ne cessera de continuer ses vœux pour la conservation de Votre Sacrée Majesté.

TASTET.

VIII. — **LETTRE** de Trudaine, surintendant des finances, à Tourny, intendant de Bordeaux, au sujet de la requête de Pierre Tastet, tendante à l'établissement d'une faïencerie à Libourne.

Archives départementales de la Gironde, C. 1766.

Paris, ce 6 may 1756.

Monsieur, J'ay l'honneur de vous envoyer une requête du S. Tartel (*sic*), de Bordeaux, qui demande la permission d'etablir une fayancerie à Libourne avec un privilège exclusif à dix lieues aux environs. Je vous prie de prendre des eclaircissements sur les avantages ou sur les inconveniens de cet etablissement et de m'en mander votre avis.

Je suis avec respect, Monsieur, votre très humble et très obeissant serviteur.

TRUDAINE.

A Mr de Tourny.

IX. — **LETTRE** de Bulle, subdélégué de Libourne, à Tourny, intendant de Bordeaux, donnant un avis favorable à la requête de Pierre Tastet.

Archives départementales de la Gironde, C. 1766.

A Libourne, ce 7 juin 1756.

Monsieur, Je viens de communiquer à nos maire et jurats la requette presantée au Roy par le sieur Tastet concernant l'etablissement d'une fayancerie autour de cette ville. Nous n'y trouvons que de l'utilité pour le public et ne prevoyons pas qu'il en puisse resulter d'inconvenians.

Les villes ne deviennent florissantes que par les manufactures. L'argent y vient de toutes parts et se repend de même. Plus y aura de fayancerie dans la province, plus cette marchandise sera commune et à bon marché.

Le seul inconveniant qu'on y pourroit trouver seroit la consommation de gros bois, qui devient rare, s'il en faloit necessairement user : mais je pense que le fagot s'y employe et peut être le charbon. Dans ce cas, nul obstacle raisonnable contre cet etablissement, et il seroit avantageux qu'il s'y en forma encore d'autre espèce.

J'ay l'honneur d'être, Monsieur, votre très humble et très obeissant serviteur.

BULLE.

A M. l'Intendant.

X. — LETTRE de M. Deslandes à Tourny, intendant de Bordeaux, pour lui recommander la requête de Pierre Tastet.

Archives départementales de la Gironde, C, 1766.

Monsieur,

Les bontés dont vous voulez bien m'honorer me font prendre la liberté de vous recommander l'affaire du sieur Tastet pour l'etablissement d'une manufacture de fayances à Libourne, et je m'y porte avec d'autant plus de confiance que cette demande me paroit conforme à vos veues, Monsieur, qui n'ont pour objet que le bien public.

Je sçais que le sieur Hustain y opose le renouvellement de son privilège exclusif pour Bourdeaux et pour l'etendue de dix lieues à la ronde ; mais je sçais aussi que la mer est la seule voie profitable pour le transport des marchandises lourdes de Libourne à Bordeaux, et que par mer cette distance etant de plus de dix lieues se trouve, dans l'objet veritable, hors de l'etendue de son privilège. D'ailleurs, je fais une très grande difference d'une première concession exclusive *ad tempus* à un renouvellement après l'expiration du tems. Des raisons d'Etat pour ouvrir une nouvelle branche de commerce autorisent quelquefois un privilège exclusif pour un tems ; mais le bien public me paroît devoir faire souhaiter de suprimer ou du moins d'attenuer ce monopole, dès que le concessionnaire a eu un temps convenable pour recompenser son espèce de decouverte. Le veritable esprit d'un privilège, dans le prince qui l'accorde, ne doit-il pas être de faire des elèves et de rendre bientôt la marchandise commune ?

Cette maxime a surtout une aplication necessaire quand la marchandise est devenue d'un usage general et qu'elle se detruit aisement, de sorte qu'il faut presque à chaque instant la renouveller ; c'est, ce semble, le cas de la rendre d'une acquisition moins onereuse aux sujets et de se roidir contre les sollicitations de la cupidité. Mais ces principes vous sont, Monsieur, plus connus qu'à moi et vous les mettez tous les jours en pratique, pour l'avantage d'un grand peuple qui a le bonheur d'être confié à vos soins. Je vous suplie donc, Monsieur, de faire expedier vos avis favorables, et j'oze me le promettre de la nature de la chose encore plus que du tendre et très respectueux devouement avec lequel j'ai l'honneur d'être, depuis longtemps et pour toujours, Monsieur, votre très humble et très obeissant serviteur.

Deslandes.

Paris, ce 28 juillet 1756.

XI. — **LETTRE de Philippe Vande Brande, négociant à Bordeaux, à Tourny, intendant de Bordeaux, sur le même sujet.**

Archives départementales de la Gironde, C. 1766.

Monseigneur,

Permettez que j'aye l'honneur de vous represanter qu'avant de songer à l'etablissement d'une fayancerie à Libourne, je vous en communiquay le projet. Votre Grandeur, toujours attentive et propice pour tout ce quy tend à l'agrandisement du comerce et à la multiplicité des manufactures ayant cavé les raisons que le sieur Hustain pouvoit alleguer pour faire avorter le projet, les trouva encore moins favorables que celles que la veuve Mettchel et moy avons inutilement employé pour contre le sieur Sansené. En consequence, vous eutes la bonté, Monseigneur, de me promettre de doner votre avis favorable.

Il y a très longtemps que le placet presanté par le sieur Tastet est entre vos mains. Il a été comuniqué au sieur Hustain, quy a fourny ses defanses, quy ont été combatues et terasées par la reponse dudit Tastet, quy est entre vos mains. M⁰ Deslandes, de Paris, quy s'interese vivement pour cette affaire et quy en avoit dejà ecrit plusieurs fois à M⁰ de Restail, me marque avoir eu l'honeur de prier Votre Grandeur de vouloir bien envoyer son avis avec les pièces. Trouvez bon que je vous demande la même grâce. Cependant, sy vous aviez changé d'avis et que cet etablissement ne fut plus de votre gond, on s'en desisteroit.

J'ay l'honneur d'être avec respect, Monseigneur, votre très humble et très obéissant servitteur.

VANDE BRANDE.

A Banières, le 20ᵉ aout 1756.

XII. — LETTRE de Tourny, intendant de Bordeaux, à Trudaine, conseiller du Roi au commerce, donnant un avis favorable à la requête de Pierre Tastet.

Archives départementales de la Gironde, C, 1766.

A Bordeaux, le 25 novembre 1756.

A monsieur Trudaine, à Paris.

Monsieur, vous me fîtes l'honneur, le 6 may dernier, de me renvoyer la requête cy jointe, par laquelle le sieur Tastet demande la permission d'etablir à Libourne une fayancerie avec privilège exclusif pendant trente années à dix lieues à la ronde, faculté d'y associer toutes personnes, même de qualité noble, sans déroger à noblesse, et

3

d'y avoir un suisse ou portier aux livrées de Sa Majesté, avec les mêmes privilèges, tant pour luy que pour ses ouvriers, dont jouissent de pareilles manufactures.

Il paroit, Monsieur, que la ville de Libourne est très propre par sa situation à l'etablissement cy dessus. Elle a sur la rivière de Dordogne, qui baigne ses murs, un port des plus commodes, soit pour le transport des matières servant à la fabrication, soit pour celuy des ouvrages qui y seront fabriqués. Mais le sieur Hustin, entrepreneur de père en fils, depuis plus de quarante ans, d'une pareille fayancerie à Bordeaux, ayant eu connaissance de la demande du sieur Tastet, m'a remis, pour s'y opposer, deux memoires dont les principaux moiens sont :

Le premier, que Libourne n'etant éloigné que de cinq à six lieues de Bordeaux, cette nouvelle fayancerie se trouveroit en contravention aux lettres patentes de l'etablissement de la sienne et de celles de continuation du 29 juin 1752, qui luy ont accordé pendant dix années un privilège exclusif dans un arrondissement de dix lieues.

Le second, qu'elle porteroit un prejudice d'autant plus considérable au debit de ses ouvrages qu'il ne peut actuellement s'en procurer la defaite, puisque tous ses magasins en sont remplis, ce qui ameneroit la chute de sa manufacture, et par consequent sa ruine.

Le troisième, que le sieur Tastet n'est qu'un simple commis à la verrerie de Libourne, qui n'a ny les connaissances requises pour une fabrique de fayance, ny les facultés necessaires pour en former et soutenir l'etablissement.

Sur quoy il a eté repondu par celuy-cy :

Premierement, que la distance de Libourne à Bordeaux ne doit se compter que par celle qu'il y a par la voye de la rivière, qui est d'environ douze lieues, attendu que c'est la seule dont on se serve pour le transport de presque toutes les marchandises de l'une à l'autre ville, et surtout pour celles qui sont aussy fragiles que la fayance.

Secondement, que la consommation de la province, jointe à celle de nos colonies de l'Amerique, où il se fait des envoys continuels de fayance, est plus que suffisante pour le debouché de toute celle qui pourra se fabriquer dans ces deux fayanceries ; que si le sieur Hustin s'en trouve actuellement une certaine quantité d'invendue, on ne doit l'attribuer qu'à l'interruption du commerce par une suite ordinaire de la guerre ou à ce qu'il la tient toujours sur un prix trop haut ; que, d'ailleurs, l'interêt d'un particulier ne doit point l'emporter sur celuy du public, qui en sera infailliblement mieux servi et à meilleur marché.

Troisiemement, que s'il etoit vray qu'il n'eût aucune connoissance de ce qui regarde la fabrique de la fayance, et qu'en consequence il n'en peut faire que de la mauvaise, le sieur Hustin n'en auroit rien à craindre, puisque la sienne auroit la prefference ; mais, en suposant que cela fut, les lumières ny les secours necessaires ne luy manqueroient point.

Il est certain que le transport de toute sorte de marchandises de quelque poids de Libourne à Bordeaux et de Bordeaux à Libourne se fait presque toujours par eau, à cause de la difference des frais qui sont beaucoup moindres que par terre, ce qui aura lieu pour l'etablissement proposé et au delà des limites de celuy du sieur Hustin. D'ailleurs, on ne voit pas que le Conseil ait fait attention à ce mesme moyen en 1749, lorsqu'il fut oposé par la veuve Mitchel relativement à sa verrerie de Bordeaux contre l'etablissement de celle du sieur Vandebrande à Libourne, puisque cet etablissement fut confirmé, malgré son oposition, par arrêt du Conseil du 26 avril de ladite année 1749.

Il en est de même du second moyen du sieur Hustin, qui fut egalement proposé alors sans aucun succès par ladite veuve Mitchel et qui semble ne devoir pas en avoir d'avantage aujourd'huy, d'autant que l'emulation des entrepreneurs dont il s'agit ne peut qu'en porter de plus en plus les ouvrages à une certaine perfection avec moins de cherté pour le public. C'est là sans doute le motif de l'eloignement qu'à le Conseil, depuis quelque temps, pour les privilèges.

Quand au defaut d'expérience et de facultés qu'on opose encore au sieur Tastet, l'un et l'autre fussent-ils vrays, il ne s'en suivroit aucun inconvenient, parce que ce particulier ne fait que prêter son nom au sieur Vandebrande, entrepreneur de la verrerie de Libourne, qui est fort en etat d'y supléer.

Je ne rapelle point les autres moyens que le sieur Hustin a employés dans ses memoires cy joints ; ils ne me paroissent point meriter de consideration et ont eté au surplus refutés dans la reponse du sieur Hustin.

Par toutes ces raisons, Monsieur, je crois devoir être d'avis de permettre au sieur Tastet l'etablissement dont est question, sans aucun privilège exclusif, dans la faculté seulement d'y associer toutes personnes, même de qualité noble, sans deroger à noblesse, avec la permission d'y avoir un suisse ou portier aux livrées de Sa Majesté, et en luy accordant, tant pour luy que pour ses ouvriers, les mêmes privilèges dont jouissent les autres fayanceries du royaume, à la charge que celle-cy sera construite hors de la ville de Libourne et à une distance dont les habitants ne puissent être incommodés.

J'ay l'honneur d'être, etc.

XIII. — LETTRE de Trudaine, conseiller du roi au commerce, à Tourny, intendant de Bordeaux, donnant un avis favorable, sous quelques réserves, à la requête de Pierre Tastet.

Archives départementales de la Gironde, C. 1766.

A Paris, ce 8 decembre 1756.

Monsieur, J'ay reçu la lettre que vous m'avez fait l'honneur de m'ecrire le 15 novembre dernier au sujet de la permission demandée par le sieur Tastet d'etablir à Libourne une manufacture de fayance. Vous me mandez que vous ne croyez pas l'opposition du sieur Hustin fondée, ny que cette permission puisse contrevenir au privilège exclusif obtenu par ce manufacturier ; en consequence, vous croyez qu'il y a lieu de donner au sieur Tastet la permission d'etablir une fayancerie sans privilège exclusif, sous faculté seulement de s'associer toutes personnes, même de condition noble, et de lui accorder un suisse à la livrée du Roy, et tous les privilèges dont jouissent les autres fayanceries du royaume. Je pense, comme vous, qu'il faut accorder au sieur Tastet la permission de s'etablir à Libourne sans privilège exclusif, mais je ne crois pas qu'il y ait lieu à luy donner le suisse à la livrée du Roy; ces sortes de preference, quelque peu importantes qu'elles soyent, mettent entre les fabriquants une inegalité injuste et toujours prejudiciable au commerce. A l'egard des privilèges dont jouissent tous les fayanciers du royaume, je crois qu'il y auroit de l'inconvenient à accorder quelques privilèges sous une denomination aussy vague. Je vous avoue, d'ailleurs, que j'ignore en quoy consistent ces privilèges. Il seroit à propos, avant de statuer, de sçavoir de ce particulier ce qu'il entend comprendre sous cette denomination, afin de voir quels sont les privilèges qu'on pourra luy accorder sans inconvenient. Je vous prie de vous en informer et de m'en mander votre avis.

Je suis avec respect, Monsieur, votre très humble et très obeissant serviteur.

TRUDAINE.

XIV. — LETTRE de Tourny, intendant de Bordeaux, à Trudaine, conseiller du Roi au commerce, adoptant son avis au sujet de la requête de Pierre Tastet.

Archives départementales de la Gironde, C, 1766.

A Bordeaux, le 24 decembre 1756.

Monsieur, lorsque j'ay eté d'avis, dans ma lettre du 25 novembre dernier, d'accorder au sieur Tastet, en luy permettant d'etablir une fayancerie à Libourne, les mêmes privilèges dont jouissent les autres fayanciers du royaume, ainsi qu'il le demandoit, ca a eté à l'exemple de ce que j'ay trouvé dans des avis en semblable espèce, et je vous avoue que, n'y voiant pas d'effet precisement designé, j'ay consideré ces expressions comme de stile ordinaire, dont l'objet etoit moins de produire ce qu'elles paroissoient amener que de flatter les particuliers pour qui elles s'emploient. Elles sont telles dans les lettres patentes expédiées en faveur du sieur Jacques Hustin pour la fayancerie de Bordeaux, du 30 novembre 1714, sans que luy ni ses ayant cause en ayent cependant jamais tiré aucun avantage; au moyen de quoy on n'otera veritablement rien de réel au sieur Tastet dans les lettres que vous me marqués être disposé à luy procurer, et je ne puis que penser de même que vous sur ce sujet.

J'ay l'honneur d'être, etc.

A M. Trudaine.

XV. — ARRÊT du Conseil autorisant la délivrance à Pierre Tastet de lettres-patentes pour l'établissement d'une faïencerie à Libourne.

Archives nationales, F¹² (Conseil du Commerce), 1497².

A Versailles, le 18 janvier 1757.

(Envoyé au greffe le 24.)

Sur la requête presentée au Roy en son Conseil par le sieur Pierre Tastet, bourgeois de la ville de Bordeaux, contenant qu'il est disposé à etablir une manufacture de fayancerie en la ville de Libourne en Guyenne, s'il plait à Sa Majesté de lui accorder la permission avec les privilèges de ces sortes d'etablissemens, rien ne seroit plus avantageux pour les lieux circonvoisins et pour toute cette grande province, où il n'y a qu'une seule manufacture pareille, qui est à Bordeaux et qui n'est pas à beaucoup près en etat de fournir la fayancerie pour la province, et pour les colonies, de sorte qu'on est obligé de recourir à l'étranger, ce qui est contre tous les principes du commerce et rend cette fourniture très dispendieuse. Quels que puissent être les privilèges de la fayancerie du sieur Hustain etablie à Bordeaux, son interêt particulier ne sauroit balancer en cette occasion l'interêt public de la province et de l'Etat même ; c'est ainsi que Sa Majesté l'a decidé, en etablissant une seconde verrerie à Bordeaux, quoique la première eût un privilège exclusif à dix lieues à la ronde, et qu'il y en eût trois autres dans la province de Guyenne. Le commerce de la fayancerie pour les colonies et pour la Guyenne n'est ni moins etendu ni moins avantageux au royaume. D'ailleurs la ville de Libourne, eloignée de Bordeaux de douze lieues par eau, est agréable par elle-même et par sa situation; la facilité du commerce de l'Amerique, qui vient de luy être accordée, la rendra plus florissante en lui facilitant une grande consommation de fayancerie: les sujets de Sa Majesté dans sa province de Guyenne ayant à choisir sur deux manufactures, qui touttes deux auront suffisament d'employ, feront leurs achapts à meilleur compte, et l'emulation entre ces deux etablissements obligera les proprietaires à fournir de bonnes marchandises et à les perfectionner, ce qui ne sera pas un petit avantage pour le public et pour ces manufactures mêmes, puisqu'il est constant que plus les ouvrages usuels sont parfaits et reduits à un prix raisonnable, plus il s'en fait de débit. A ces causes requeroit le supliant qu'il plut à Sa Majesté lui permettre d'etablir dans la ville de Libourne, aux environs, une Manufacture Royale de fayancerie avec privilège exclusif à dix lieues à la ronde, pendant trente années, et faculté d'avoir un suisse ou portier aux livrées de Sa Majesté, ordonner que toute personne, même de qualité noble, pourroit s'associer avec le supliant, et ses ouvriers jouiront des mêmes privilèges accordés et à accorder à pareilles manufactures, et que pour l'execution de l'arrêt qui interviendra sur la presente requête, toutes lettres, si besoin est, seront expediées.

Vu ladite requête et le memoire y joint, signé : Tastet, ensemble l'avis du sieur intendant et commissaire departi à Bordeaux, ouy le raport du sieur Peyresse de Moras, conseiller d'Etat et ordinaire au Conseil royal, contrôleur général des finances, le Roy en son Conseil a permis et permet au sieur Pierre Tastet d'etablir dans la ville de Libourne ou aux environs une manufacture pour y fabriquer, vendre et debiter toutes sortes d'ouvrages de fayancerie, à condition qu'il mettra ladite manufacture en etat de travail dans un an, à peine de revocation de ladite permission, laquelle en ce cas sera nulle et comme non avenue; fait deffenses Sa Majesté à toutes personnes, de quelque qualité et condition que ce soit, de troubler le supliant dans l'exploitation de ladite fayencerie, à peine de tous depens, dommages et interêts.

XVI. — **LETTRE** de Tourny fils, intendant de Bordeaux, transmettant aux maire et jurats de Libourne une requête du sieur Vande Brande aux fins d'obtenir le terrain nécessaire à l'établissement d'une faïencerie dans cette ville.

Archives départementales de la Gironde, C, 1766.

24 may 1758.

M^rs les maire et jurats de Libourne. — Je vous ay fait communiquer, Messieurs, une requête par laquelle l'entrepreneur d'une manufacture de fayence demande que vous luy cediez un terrain dont il a besoin pour jouir du privilège qu'il a obtenu du Roy à ce sujet. Vous aurez attention de ne pas differer plus longtemps à y fournir de réponse.

Je suis, etc.

XVII. — **LETTRE** de Bulle, subdélégué de Libourne, à Tourny fils, intendant de Bordeaux, approuvant l'établissement d'une faïencerie à Libourne.

Archives départementales de la Gironde, C, 1766.

A Libourne, ce 4 juin 1758.

M^r l'Intendant. — Monsieur, les maire et jurats de cette ville vont probablement partir dans peu pour rendre leurs respects à M^r le Marechal de Richelieu ; peut-être vous parleront-ils de la demande que leur fait le sieur Vaudebrande, negotiant des Chartrons, du reste d'un emplacement contigu à la verrerie, où il voudroit etablir une manufacture de fayancerie. La proposition en a été faite.

Je suis persuadé que cette manufacture sera utile à cette ville ; plus il y en aura, plus considerable deviendra notre ville.

Le terrein demandé n'est d'aucun raport ; il est egal à celuy de la verrerie ; on ne touchera point à la partie qui sert à l'epreuve des canons, au depot du sable que l'on transporte même à present dans les douves ou fossés, et on fait bien de les combler.

L'emplacement de la verrerie fut concedé pour vingt-cinq livres de rente, sans nul droit d'entrée; le reste ne vaut pas mieux, mais comme les choses peuvent changer, je serois d'avis que le sieur Vandebrande donna 500 livres de droit d'entrée et en outre à la communauté une rente de vingt-cinq annuelles. J'ay cru vous devoir prévenir du projet de cet etablissement, qui paroit meriter d'être pris en consideration, et d'en accelerer l'execution.

J'ay l'honneur d'être, avec bien du respect, Monsieur, votre très humble et très obeissant serviteur.

BULLE.

XVIII. — **OFFRES** du sieur Tastet aux maire et jurats de Libourne pour l'établissement d'une manufacture de faïencerie dans cette ville.

Archives municipales de Libourne, BB 30, f° 16 v°.

Du 19 juin 1758.

Ce jourd'huy dix neufvième dudit mois de juin mil sept cent cinquante huit, en jurade, s'est presenté sieur Pierre Tastet, priviligié de Sa Majesté pour l'etablissement d'une manufacture de fayancerie à Libourne ou aux environs, lequel a dit qu'il y a un terrain vuide et vaccant joignant la verrerie du sieur Vandebrande située au lieu du Fourat, près la presente ville, que ce terrain seroit très propre à y construire un edifice pour l'exploitation d'une fayencerie, et qu'il offre à M^{rs} les maire et jurats de la presente ville la somme de six cents livres argent comtant contés, et celle de trente livres en une rente directe annuelle et perpetuelle pour raison dudit terrain, de la largeur de cent vingt cinq pieds, tirant de ladite verrerie vers la porte de Guîtres, sur toute la longueur des batimens de ladite verrerie, que ledit sieur comparant prie lesdits sieurs maire et jurats de lui faire la concession du susdit terrain, d'en prendre une deliberation, de consentir à raison de ce les actes necessaires, et signé : TASTET.

Sur quoy, nous, maire et jurats, veu le dire cy dessus, avons deli-

4

beré que, pour y estre statué, le corps et conseil de ville sera convoqué mecredy prochain, vingt un du present mois, à une heure de relevé, et que les causes de la convoquation seront esnoncées dans les billets.

Fait à Libourne, ledit jour, dix neufviesme juin mil sept cinquante huit.

LEMOINE, maire ; DUFAU, jurat ; ARNAUD, jurat ; DECAZES, procureur syndic.

XIX. — **DÉLIBÉRATION** des maire et jurats de Libourne sur la proposition du sieur Tastet relative à l'établissement d'une faïencerie à Libourne.

Archives municipales de Libourne, BB 30.

Du 21 juin 1758.

Ce jour, vingt unième du mois de juin mil sept cent cinquante huit, messieurs les maire et jurats s'estant assemblés dans l'hotel de ville avec le procureur sindic et le secretaire et les prudhommes du conseil politique et les maire et jurats derniers sortis de charge composant l'assemblée generale, lecture faite de la deliberation prise en jurade le dix neuf du present mois et du dire du sieur Tastet portant le sujet de ladite assemblée, a eté deliberé : 1º qu'il ne pourroit y avoir lieu à recevoir dans cette communauté l'etablissement proposé de la fayancerie, qu'au préalable ce privilège concernant ledit etablissement n'ait eté enregistré en la cour de parlement ; 2º que quand même ce privilège seroit enregistré, la communauté ne pourroit ny ne devroit alliener ce terrain demandé par ledit sieur Tastet, parce que ledit terrain est absolument necessaire à ladite communauté pour tenir les foires du betail ; pour y deposer le lest en sable en conformité de l'arrêt du Conseil du 26 juillet 1738, et pour le service du Roy pour l'épreuve des canons.

Fait à Libourne, dans l'hôtel de ville, ledit jour, mois et an susdits.

LEMOINE, maire ; CHAPRON, jurat ; DUFAU, jurat ; ARNAUD, jurat ; DECAZES, procureur syndic ; MATHIEU, FUILHADE, BELLIQUET, PIFFON, LAFAY, REY, DUPUY, DURAND, LARGETEAU ; DEAUGEREAU, ancien maire ; DEMAY, ancien jurat.

XX. — ORDONNANCE de Tourny fils, intendant de Bordeaux, prescrivant une enquête « de commodo et incommodo » au sujet de l'établissement d'une faïencerie à Libourne.

Archives départementales de la Gironde, C. 1766.

Vu la presente requête, ensemble la deliberation des sieurs maire et jurats de Libourne, en date du 21 juin dernier,

Nous ordonnons que le terrein dont il s'agit sera visité par experts convenus entre le syndic de l'hotel de ville et le supliant dans huitaine devant le sieur Bulle, notre subdelegué, que nous avons commis à cet effet, sinon que en nommera d'office, lesquels experts declareront si le terrein demandé par le supliant est necessaire ou utile à la ville, et feront l'estimation de sa valeur, pour le tout remis à notre subdelegué, et de nous renvoyer avec son avis [pour] être par nous statué ce qu'il apartiendra.

Fait à Bordeaux, ce 4 juillet 1758.

XXI. — DÉLIBÉRATION des maire et jurats de Libourne au sujet de l'ordonnance de l'intendant relative à l'établissement d'une faïencerie dans cette ville.

Archives municipales de Libourne, BB 30.

Du 10 juillet 1758.

Ce jour dixiesme du mois de juillet mil sept cent cinquante huit, messieurs les maire et jurats s'estant assemblés dans l'hotel de ville avec le procureur sindic et le secretaire, les prudhommes du conseil politique et les maire et jurats derniers sortis de charge, aux formes ordinaires, lecture faite par le secretaire de la coppie d'une requête donnée en la cour de la part des sieurs Lemoine, president, Favereau, avocat du Roy et Vacher, conseiller du Roy, receveur des consignations de la presente ville, signifiée le vingt deux juin dernier à Mᵉ Beyez, procureur de la communauté, ensemble d'une requête et ordonnance de Mgr l'Intendant, obtenue par le sieur Tastet, concernant un terrain qu'il demande à titre de concession, scitué près la verrerie, pour y etablir une manufacture de fayencerie, du quatriesme du present mois, le tout signiffié au procureur sindic le huitième du même mois par La Faye, huissier a été deliberé :

. . . .

2° Qu'il sera presenté requête à Monseigneur l'Intendant, contenant les moyens d'opposition de la communauté envers l'ordonnance suprise de la religion dudit seigneur.

LEMOINE, maire ; CHAPRON, jurat ; DUFAU, jurat ; ARNAUD, jurat ; DECAZES, procureur sindic ; MATHIEU, FUILHADE, BELLIQUET, PIFFON, LAFAY, REY, DUPUY.

XXII. — LETTRE des maire et jurats de Libourne à l'intendant Tourny fils, pour protester contre l'établissement projeté d'une faïencerie dans cette ville.

Archives départementales de la Gironde, C, 1766. Original.

Monseigneur,

Nous n'avions pas pensé que des ordres surpris de la religion de Votre Grandeur par le sieur Vandebrande, sous le nom du sieur Tastet, ne nous laisseroient pas la faculté de representer à Votre Grandeur que le terrein qu'il demande est un patrimoine de la communauté ; qu'elle l'a acquis pour se metre en etat de satisfaire à l'arrêt du Conseil qui lui enjoint d'indiquer un lieu propre pour deposer les sables provenant du delestage ; qu'il ne reste plus d'autre terrein à la communauté, et qu'après en avoir fait la vente au sieur Vandebrande, elle sera forcée d'en chercher ailleurs, mais inutilement. Votre Grandeur sçait que les gens de main morte ne peuvent plus acquerir.

Nous sommes plainement convaincus, Monseigneur, que Votre Grandeur prend à cœur les interéts de notre communauté, et nous avons reçu avec douleur le reproche d'avoir aporté de la resistance à ses ordres. C'est le conseil politique qui a deliberé l'opposition à l'ordonnance de Votre Grandeur : nous allons l'assembler pour lui dire de se departir de cette opposition, laquelle a pu vous deplaire, et le sieur Vandebrande pourra faire suite, sans aucun obstacle de notre part, de l'expertage que Votre Grandeur a ordonné.

Le sieur Vandebrande nous avoit dit que monsieur de Navarre, lieutenant-general en l'Amirauté de Guienne, avoit declaré que ce terrein n'etait pas necessaire pour le delestage. Nous joindrons ici coppie d'une lettre ecrite à ce sujet par monsieur de Navarre au sieur Fuilhade, le douze de ce mois ; elle fournira la preuve de la candeur et de la bonne foy du sieur Vandebrande :

« Soyès sûr, Monsieur, et vous pouvès en assurer messieurs vos « jurats, que je n'ay donné à qui que ce soit de declaration que « l'Amirauté n'avoit pas besoin du terrein qui est demandé par le « sieur Tastet. S'il m'en avoit eté demandé, je n'aurois eu garde de « donner de declaration d'un fait qui n'est pas de ma connoissance, « et je vous aurois renvoyé le demandeur. Il est surprenant qu'on « avance dans des requettes des faits qu'on sçait destitués de verité. « Je suis, etc. [Signé :] NAVARRE. »

Il y a, aux environs de Libourne, beaucoup de terrein appartenans a des particuliers et dont il seroit facile au sieur Vandebrande de faire l'acquisition pour etablir sa fayancerie aussi commodement qu'il pourroit le desirer, mais il veut depouiller la communauté de son patrimoine.

Nous avons l'honneur d'être, avec un très profond respect, Monseigneur, vos très humbles et très obeissants serviteurs.

LEMOINE, maire ; REY, jurat ; CHAPERON, jurat ; CAMBAROT, procureur-sindic.

A Libourne, ce 26e juillet 1758.

XXIII. — **DÉLIBÉRATION** des maire et jurats de Libourne au sujet de la requête du sieur Tastet tendante à l'établissement d'une faïencerie dans cette ville.

Archives municipales de Libourne, BB 30.

Du 31 juillet 1758.

Ce jourd'huy trante un du mois de juillet mil sept cens cinquante huit, a comparu en jurade sieur Pierre Tastet, bourgeois de Bordeaux et privilegié pour l'etablissement des manufactures de fayancerie, lequel a dit qu'il a demandé à Mrs les maire et jurats la concession d'un terrein au lieu du Fourat et joignant la verrerie, pour y edifier laditte fayancerie, et que sur les difficultés qu'avoient fait Mrs les maire et jurats de conceder ledit terrein, sous pretexte qu'il étoit necessaire pour le depot du sable provenant du delestage, et que d'ailleurs il etoit necessaire à la communauté, Monseigneur l'Intendant auroit ordonné que ce terrein seroit veu et examiné par des experts aux fins de donner leur raport sur l'utillité ou inutillité dudit terrein et sur la valeur d'icelluy. Comme l'intention du comparant n'est pas d'entrer dans aucunes discussions avec la communauté, il propose à mesdits sieurs les maire et jurats de leur donner, à titre d'échange pour le terrein dont s'agit, un autre emplacement joignant le chay de Challon et acquis par le sieur Fourcaud du nommé Magne ledit terrein joignant la rivière de Lisle, et sur lequel le sable provenant du delestage pourra être facilement transporté et deposé, ledit sieur comparant offrant d'ailleurs de donner, à titre d'echange, une quantité de terrein egalle à celluy que la communauté luy donnera en contre echange, et a signé : Tastet.

Sur quoy, nous, maire et jurats, veu le dire ci dessus, avons deliberé que, pour statuer sur icelluy, le conseil politique sera convoqué à demain, une heure de relevée, aux formes ordinaires.

Fait à Libourne, dans l'hôtel de ville, ledit jour trante un juillet mil sept cens cinquante huit.

Lemoine, maire ; Dufau, jurat ; Chaperon, jurat.

XXIV. — **LETTRE** de Lemoine, maire de Libourne, à Tourny fils, intendant de Bordeaux, protestant contre le terrain attribué à la faïencerie de cette ville.

Archives départementales de la Gironde, C, 1766.

Monseigneur,

J'ay reçu une lettre du sieur Vande Brande, en date du 6 de ce mois, par laquelle il me remercie de ce que j'ay gouté la proposition qu'il a fait faire à notre communauté de luy donner en contre echange un terrain au lieu et place de celuy qui est près la verrerie et sur lequel il se propose de faire batir une fayancerie. Il observe en même temps qu'il conviendroit que la communauté se dispensat de payer les lots et ventes de l'acquisition qu'il fera de ce terrain.

Je me conformeray en tout aux ordres de Votre Grandeur; ce sera toute la reponse que je feray au sieur Vande Brande. Au reste, on m'a dit que le terrain que le sieur Vande Brande vouloit nous donner en contrechange etoit très elevé au dessus de la rivière, en sorte que les delestaires ne pourroient y aporter le sable du delestage. Je pense, Monseigneur, que l'on pourroit applanir cette difficulté au moyen d'une cale qui devroit etre faite ou aux depens du sieur Vande Brande ou de l'Amirauté. La communauté perd assez sans encore être assujetie à de nouvelles depenses.

J'ay l'honneur d'être avec un très profond respect, Monseigneur, votre très humble et très obeissant serviteur.

LEMOINE, Jeanty.

A Libourne, le 9 aoust 1758.

XXV. — **LETTRE** de Lemoine, maire de Libourne, à Tourny fils, intendant de Bordeaux, demandant la nomination d'un commissaire pour régler le différend relatif à la faïencerie.

Archives départementales de la Gironde, C, 1766.

Monseigneur,

Dans le desir constant que j'ay de terminer l'affaire de la fayancerie, j'ay l'honneur de donner avis à Votre Grandeur qu'il ne s'agit plus que d'examiner si le terrein, que le sieur Vandebrande propose à la communauté de luy donner en contrechange pour celuy où il veut faire batir sa fayancerie, est propice à recevoir les sables du delestage, sans prejudicier aux droits du Roy et de monseigneur l'Amiral, et de juger de la plus valeur de l'un ou de l'autre terrain. Il faudroit pour cela nommer un commissaire impartial, et le juste discernement de Votre Grandeur peut seul donner à toutes parties la satisfaction la plus desirable.

J'ay l'honneur d'être avec un très profond respect, Monseigneur, votre très humble et très obeissant serviteur.

LEMOYNE, Jeanty.

Libourne, le 21 aoust 1758.

XXVI. — **LETTRE** de Lemoine, maire de Libourne, à Tourny fils, intendant de Bordeaux, sur son différend avec le subdélégué Bulle au sujet de la faïencerie.

Archives départementales de la Gironde, C, 1766.

Monsieur,

Je n'ay pu encore me trouver en occasion de pressentir mes confrères sur les dispositions où ils sont concernant le dire couché sur le registre contre M. Bulle, votre subdélégué.

Lorsque la verité, à cet egard, me sera exactement parvenue, j'auray l'honneur, Monsieur, de vous en instruire, et je feray tout au monde pour vous plaire.

A l'égard de M. Bulle, en particulier, il n'a aucun droit à mes sentiments; il s'est efforcé de me couvrir de mepris et d'opprobres; par une delation basse et calomnieuse, il a repandu et fait repandre dans toute ma senechaussée que j'aurais eté emprisoné; j'en ay des preuves et je ne vous dissimuleray pas, Monsieur, que je travaille à decouvrir des ecclaircissements plus amples pour me faire rendre la justice qui m'est due.

J'ay l'honneur d'être, avec un très profond respect, Monsieur, votre très humble et très obeissant serviteur.

LEMOINE. Jeanty.

A Libourne, ce 21 aoust 1758.

XXVII. — **LETTRE de Tourny fils, intendant de Bordeaux, à Lemoine, maire de Libourne, au sujet de la même affaire.**

Archives départementales de la Gironde, C, 1766.

A M. Lemoine.

A Bordeaux, ce 23 aout 1758.

J'ay rendu, Monsieur, une ordonnance provisoire dans l'affaire du sieur Vandebrande pour la fayencerie. Elle devroit être executée depuis longtemps. Les experts nommés de la part des parties instruiront ma religion, tant sur le prix du terrein demandé que sur la qualité et la valeur de celuy qui est offert en contrechange. Il me paroit que vous avez conservé du ressentiment contre Mr Bulle; je suis persuadé que si vous connoissiez comme moy ses dispositions, vous rentreriez à son egard dans les sentiments que la religion, l'honneur et votre ancienne amitié doivent vous inspirer mutuellement.

Je suis, etc.

XXVIII. — **LETTRE de Bulle, subdélégué de Libourne, à Tourny fils, intendant de Bordeaux, au sujet du différend relatif à la faïencerie de Libourne.**

Archives départementales de la Gironde, C, 1766.

A Monsieur l'Intendant.

Monsieur, je vous renvoye toutes les pièces du sieur Vandebrande ou du sieur Tastet; vous vous aperceverez que les maire et jurats s'opposent à l'etablissement de la manufacture de fayancerie sur de très mauvais pretextes.

Par leur premiere deliberation du 21 juin, ils pretendirent ecarter cet etablissement : 1° à defaut d'enregistrement au Parlement du privilège et concession ; 2° que nonobstant l'enregistrement, ils ne devoient aliener le fons en question, parce qu'il leur etoit necessaire pour les foires du betail, pour y deposer le lets en sable et pour l'epreuve du canon. Tous ces motifs furent meprisés par votre ordre du 4 juillet suivant, portant que ce terrein seroit visité et estimé, en execution de laquelle le sieur Vandebrande ou quoique soit le sieur Tastet nomma son expert, qui fut tenu pour accordé, et j'en nommai un autre pour la communauté.

Les experts etant à même de proceder, il fut insinué au sieur Tastet d'offrir d'acheter un autre fons et que les maire et jurats le recevroient en echange. Le sieur Tastet donna dans le piège : quand il eut couvenu avec le proprietaire, les maire et jurats l'ont refuzé.

Par une dernière reponse, ils exposent les mêmes employées dans leur deliberation du 21 juin, dont ils disent ne pouvoir pas se departir, quoique prescrites par votre annonce du 4 juillet.

La première raison qu'ils donnent de ne pouvoir se retracter ne pourroit venir que du Capitole de Libourne. Je n'avois pas cru, jusqu'à present, qu'une simple deliberation eut la force d'un senatus consulte ou d'un plebiscite. Ils devoient au moins faire attention qu'elle avoit eté rejetée par votre ordonnance posterieure du 4 juillet.

Pretendre que cette place leur est necessaire pour les foires et marchés du bétail, c'est parler contre leur propre savance. Il ne s'y tient point de marché, à moins que ce ne soit depuis peu de jours. Il y a, d'ailleurs, une belle et vaste place tout proche, devant la maison du nommé Gueyrard, une seconde à la porte Perigueux, entre les deux allées, et une troisième, dejà plus grande, à la porte de la rue Saint-Emilion. La petite place qu'on prent pour les cazernes servoit pour le marché des cochons seulement, ce qui etoit contre le bon ordre ; on n'en doit point souffrir dans la ville. Ils ont trois grandes places au lieu d'une petite.

La place qui est entre la verrerie et les murs de la ville, dont le sieur Tastet demande une partie pour sa manufacture, est suffisante pour tout.

La partie supérieure contre le chemin de Coutras, vis-à-vis la verrerie et de toute sa longueur, et tendant à la rivière de Lisle, n'a jamais été occupée par les sables et autres lets ; elle est actuellement libre. C'est cette partie seulement que demande le sieur Vandebrande.

Après cette partie vient la seconde, où l'on déposoit les sables, et à present on les met dans les douves.

Après cette seconde vient la troisième, qui est unie, deblayée, qu'on appela le champ d'epreuve. C'est là où l'on depose les canons, qu'on les eprouve, qu'on les embarque, contiguë à la rivière et propre pour l'embarquement.

Le champ d'epreuve est large depuis la rivière jusques à la seconde partie où se met les sables, de 55 piés sur 340 piés en longueur. Il y a actuellement plus de 120 grands canons, qui n'ocupent pas la sixième partie de cet emplacement.

Dans ces circonstances, pour finir ces tracasseries, je serois d'avis, Monsieur, d'ordonner l'execution de votre ordonnance du 4 juillet ; en consequence, que dans trois jours, pour tout delai, les maire et jurats s'accorderoient des deux experts nommés, ou viendroient proposer des moyens de recusation contre le sieur Coste, expert, nommé par le sieur Tastet, et en nommeroient, si bon leur semble, un autre, au lieu et place de l'expert nommé d'office ; et, faute par eux de le faire dans ledit delai, ordonner que par lesdits deux experts il sera procedé à l'execution de l'ordonnance du 4 juillet.

J'ay l'honneur d'être, avec bien du respect, Monsieur, votre très humble et très obeissant serviteur

Libourne, 8 septembre 1758[1].

1. Cette lettre n'est pas signée.

XXIX. — **DÉLIBÉRATION** des maire et jurats de Libourne récusant l'expert proposé par le sieur Tastet et en désignant un pour la ville.

Archives municipales de Libourne, BB, 30.

Du 18 septembre 1758.

Ce jour d'huy dix huit septembre mil sept cens cinquante huit, en jurade, le procureur sindic a dit que le sieur Tastet ayant presenté requette à Monseigneur l'Intendant, aux fins que M⁸ les maire et jurats lui fissent la concession d'un terrein joignant la verrerie pour y edifier une fayancerie, offrant de donner en echange un autre terrein, de la même grandeur et contenance, joignant le chay de Challon et acquis par le sieur Foureaud du nommé Maigne, ledit terrein joignant la rivière de Lisle, sur laquelle requette seroit intervenu ordonnance le trante aoust dernier, portant qu'elle seroit communiquée aux sieurs maire et jurats, lesquels ayant fourni leur reponce au pied de la susdite requette, seroit intervenu une seconde ordonnance de mondit seigneur l'Intendant, le treize de ce mois, portant qu'en execution d'une première ordonnance de Sa Grandeur du quatre juillet dernier, les parties nommeront dans trois jours, pour toute prefection et delay, des esperts par devant M. Bulle, subdelegué de cette ville, lequel, à deffaut de ce, en nommera d'office, à l'effet de constater si le terrein dont s'agit n'est pas necessaire à la ville, et, audit cas, sa valeur, pour sur leur raport être ordonné par Sa Grandeur ce qu'il appartiendra, laquelle requette, reponce au pied et ordonnances le dit sieur Tastet a fait signifier aujourd'huy au procureur sindic par Lafaye, huissier, pour en avertir la magistrature, et dans la signification ledit sieur Tastet a nommé pour son espert le sieur Coste Cotty, notaire royal de la ville de Saint-Emillion, y habitant, de quoi le procureur sindic fait le present raport pour être sur le tout incessament deliberé, et a signé : CAMBAROT, procureur sindic.

Sur quoy, nous maire et jurats, veu le raport ci-dessus, avons deliberé, par respect pour monseigneur l'Intendant et par obeissance aux ordres de Sa Grandeur, que le procureur sindic recusera, dans la forme qu'il jugera à propos, le sieur Coste Cotty, notaire royal de Saint-Emillion, et demandera qu'à son lieu et place le sieur Tastet viendra nommer un autre espert, non suspect ni recusable, et entendu dans la matière sur laquelle il s'agit d'expertiser, et que ledit sieur procureur sindic nommera de la part de la communauté et dans la forme requise le sieur Jean Mathieu, bourgeois et ancien maire de cette ville, pour expert de ladite communauté, pour proceder jouste et conformement à ladite ordonnance : au surplus, ledit procureur sindic fera toute la procedure requise en pareil cas, sans qu'il soit besoing d'autre deliberation.

Fait à Libourne, dant l'hôtel de ville, ledit jour du huitième du mois de septembre mil sept cens cinquante huit.

LEMOYNE, maire ; DUFAU, jurat ; ARNAUD, jurat ; REY, jurat ; CHAPERON, jurat.

XXX. — **RAPPORT du procureur-syndic de Libourne et délibération de la Jurade pour en appeler à l'Intendant de l'ordonnance du subdélégué Bulle, relative à l'expertise du terrain destiné à la faïencerie.**

Archives municipales de Libourne, BB, 30.

Du 22 septembre 1758.

Ce jour d'huy vingt deuxiesme du mois de septembre mil sept cent cinquante huit, en jurade, le procureur sindic a dit qu'en execution de la deliberation prise par la magistrature le dix huit de ce mois, il auroit fait un acte le dix neuf au sieur Tastet, par lequel il auroit recusé le sieur Coste Coty, notaire royal de Saint-Emillion, espert nommé par ledit sieur Tastet, et auroit nommé, au desir de ladite deliberation, pour expert de la magistrature, sieur Jean Mathieu, bourgeois et ancien maire de cette ville, comme il est justiflié par ledit acte, signiflié par Tallemon, huissier dument constitué. Sur quoy ledit sieur Tastet s'estant pourveu devant M. Bulle, subdelegué de cette ville, commissaire deputé par l'ordonnance de Monseigneur l'Intendant, du treize du present mois, ledit sieur Tastet auroit nommé pour son expert le sieur Coste jeune, notaire royal dudit Saint-Emillion, au lieu et place dudit sieur Coty, et auroit recusé ledit sieur Mathieu, à cause qu'il avoit deliberé contre la concession requise par ledit sieur Tastet, et pretend qu'on ne peut nommer pour espert un bourgeois de cette ville, à cause que tout bourgeois de ladite ville est pareillement interessé dans la matière. Sur quoy M. le Subdelegué auroit rendu une ordonnance, le vingt de ce mois, quy donne acte audit sieur Tastet de ce qu'au lieu et place dudit sieur Coste Coty, il nomme, pour son expert, ledit sieur Coste jeune, notaire royal de Saint-Emillion, ordonne que par tout le jour lesdits sieurs maire et jurats viendront s'en accorder, à deffaut de ce, il sera tenu pour accordé, luy donne acte aussy de ce qu'il declare ne pouvoir s'accorder dudit sieur Mathieu ny de tout autre habitant de la ville interessé dans la matière, ordonne que par tout le jour lesdits sieurs maire et jurats viendront nommer un autre espert, non suspect et non interessé, au lieu et place dudit sieur Mathieu, faute de quoy, le delay passé en sera pris et nommé un d'office pour proceder, conjointement avec ledit sieur Coste jeune, à l'operation dont est question, laquelle ordonnance vient d'être signifiée tout presentement au procureur-sindic, à la requette dudit sieur Tastet, par Lafaye, huissier, avec sommation d'en avertir lesdits sieurs maire et jurats, dans le cayer de laquelle il a donné coppie des precedentes pièces, mesme de l'acte du procureur-sindic du dix huit du present mois, laquelle signiffication le procureur-sindic exhibe sur le bureau et requiert être deliberé ce qu'il appartiendra, à quoy conclut, et a signé : CAMBAROT, procureur-sindic.

Sur quoy nous, maire et jurats, veu le dire cy dessus, a été deliberé que, par acte, le procureur-sindic, au nom de la communauté, fera apel, par devant Monseigneur l'Intendant, de l'ordonnance de M. Bulle, subdelegué, du vingt de ce mois, en ce qu'elle donne acte audit sieur Tastet de la declaration par lui faite ne pouvoir s'accorder d'aucun habitant de la presente ville, parce que, sy une pareille exclusion devoit avoir lieu, M. Bulle ne pourroit être juge ny commissaire en cette partie. Au reste, aucun habitant de Saint-Emillion n'est en etat d'experter, en execution de l'ordonnance de Monseigneur l'Intendant, sur la matière dont s'agit. C'est pourquoy il sera reservé à la communauté dans ledit acte de recuser ledit sieur Coste jeune, notaire royal dudit Saint-Emillion, et tout autre habitant de ladite ville.

Fait et deliberé à Libourne, dans l'hôtel de ville, ledit jour vingt deuxième septembre mil sept cent cinquante huit.

Lemoine, maire ; Chaperon, jurat ; Rey, jurat.

XXXI. — **RAPPORT du procureur-syndic de Libourne et délibération de la Jurade l'autorisant à se pourvoir contre le sieur Tastet.**

Archives municipales de Libourne, BB, 30.

Du 1er octobre 1758.

Ce jourd'huy, premier octobre mil sept cent cinquante huit, dans la chambre du conseil de l'hôtel de ville, le procureur-sindic a dit, qu'en execution de la deliberation du vingt deux septembre dernier, ayant fait appel par acte signiflié, ledit jour, par Tallemon, huissier, et controllé par devant Mgr l'Intendant, d'une ordonnance rendue par M. Balle, subdelegué de cette ville, en datte du 20 dudit mois, taxativement en ce qu'elle auroit donné acte au sieur Tastet de la declaration par lui faite ne pouvoir s'accorder d'aucun habitant de la presente ville pour expert, à l'effet de proceder à l'execution de l'ordonnance de mondit seigneur l'Intendant, du treize dudit mois de septembre dernier, avec reservation de recuser le sieur Coste jeune, notaire royal de la ville de Saint-Emillion, expert nommé par ledit sieur Tastet, et tous autres habitans de ladite ville, attendu qu'ils ne sont pas en etat d'experter en execution de ladite ordonnance sur la matière dont est question, ledit sieur Tastet ayant presenté requête à mondit seigneur l'Intendant, sur laquelle il auroit obtenu ordonnance le 27 dudit mois de septembre dernier, qui permet audit sieur

Tastet de faire proceder par provision au raport d'expert dont s'agit en execution de l'ordonnance dudit jour treize dudit mois et de celle de M. Bulle, subdelegué, rendue en consequence le susdit jour vingt dudit mois, nonobstant l'opposition signiffiée le vingt deux du même mois (qui est au contraire l'acte d'appel dont il a été ci-dessus parlé), pour être ensuite ordonné par ledit Monseigneur l'Intendant ce qu'il appartiendroit, en execution de cette ordonnance ledit sieur Tastet s'etant pourveu devant M. Bulle, subdelegué, il auroit rendu une ordonnance le trante dudit mois de septembre, portant que son ordonnance du vingt dudit mois sera executée par provision, en consequence que M^{rs} les maire et jurats viendront par tout le jour s'accorder dudit sieur Coste jeune, notaire royal dudit Saint-Emillion, ou proposer contre lui cauze legitime de recuzation, qu'au lieu et place du sieur Mathieu, bourgeois et ancien maire de cette ville, expert nommé par la magistrature, ils viendront nommer un autre espert non suspect ni interessé dans la matinée, faute de quoi en sera nommé un d'office pour ledit expert proceder conjointement à l'operation dont s'agit ; laquelle requette et ordonnances ci-dessus furent signiffiées le jour d'hier au procureur-sindic par La Faye, huissier, qu'il exhibe sur le bureau et en fait le present raport, requerant qu'il y soit pourvu ainsi qu'il appartiendra, et a signé : Cambarot, procureur-sindic.

Sur quoi nous, maire et jurats, octroyons acte au procureur-sindic du raport ci-dessus, sans prejudice à la communauté, de se pourvoir contre ledit sieur Tastet ainsi qu'elle avisera, faisant à raison de ce toutes ses dispositions telles que de droit.

Fait à Libourne, dans l'hôtel de ville, ledit jour premier octobre mil sept cent cinquante huit.

Lemoine, maire ; Arnaud, jurat; Rey, jurat.

XXXII. — **RAPPORT** du procureur-syndic de Libourne, et délibération de la Jurade protestant contre l'ordonnance du subdélégué Bulle obtenue par le sieur Tastet et nommant d'office un expert pour la ville.

Archives municipales de Libourne, BB, 30.

Du 6 octobre 1758.

Ce jourd'huy sixième octobre mil sept cens cinquante huit, dans la chambre du conseil de l'hôtel de ville, le procureur sindic a dit qu'il vient de luy être signiffié ce jourd'huy par La Faye, huissier, à la requette du sieur Pierre Tastet, privilegié par le Roy pour l'etablissement d'une fayancerie en la presente ville, une ordonnance rendue le trois du present mois par M. Bulle, subdelegué de cette ville, par laquelle il est donné deffaut contre M^{rs} les maire et jurats pour ne s'être pas presentés par devant luy pour nommer un expert de leur part au lieu et place du sieur Mathieu, bourgeois et ancien maire de cette ville, en consequence nomme d'office pour expert desdits sieurs maire et jurats, la personne de Me Dureau de Lapouyade, procureur au senechal de Fronsac, à l'effet, serment prealablement prêté par devant M. Bulle, subdelegué, de proceder conjointement avec le sieur Coste jeune, notaire royal de la ville de Saint-Emillion, expert nommé par ledit sieur Tastet, aux operations ordonnées par l'ordonnance de Monseigneur l'Intendant, du treize septembre dernier, laquelle ordonnance dudit jour troiziesme du courant, vient comme dit est, d'être signifié au procureur sindic, à la requette dudit sieur Tastet, avec assignation audit procureur-sindic à comparoir mardy prochain, dixiesme du present mois, à neuf heures du matin, par devant et en l'hôtel de M. Bulle, subdelegué, pour voir prêter le serment audit sieur Coste jeune et audit sieur Dureau, experts susdits, en conformité de l'ordonnance ci-dessus dattée, de quoi le procureur-sindic fait le present raport sur le registre pour être communiqué par le sieur Goudecheau, notaire royal de cette ville, secretaire commis de la communauté en absence du sieur Goudecheau, son père, secretaire de ladite communauté, avec ladite ordonnance et signiffication contenant assignation au pied, signée dudit Lafaye, huissier, à cet effet, remize par ledit procureur-sindic audit sieur Goudecheau, secretaire commis, le tout ci-dessus datté, à M⁰ˢ les maire et jurats, aux fins d'y être pourvu ainsi qu'il appartiendra, et a signé : CAMBAROT, procureur-sindic.

Du 8 octobre 1758. — Sur quoi, nous, maire et jurats, octroyons acte au procureur sindic du raport ci-dessus, au surplus fait la communauté ses protestations telles que de droit et d'ordonnance contre le procedé dudit sieur Tastet, pour se pourvoir ainsi qu'il appartiendra.

Fait et deliberé à Libourne, dans l'hôtel de ville, le huit du mois d'octobre mil sept cens cinquante huit.

LEMOINE, maire; ARNAUD, jurat; CHAPERON, jurat; REY, jurat.

XXXIII. — RAPPORT du procureur-syndic de Libourne aux maire et jurats sur la même question.

Archives municipales de Libourne, BB, 30.

Du 13 octobre 1758.

Ce jourd'huy treize octobre mil sept cens cinquante huit, dans le greffe et secretariat de l'hôtel de ville, le procureur sindic a dit qu'il vient de nouveau de lui être signifié, ce jour d'huy, par Lafaye, huissier, à la requette du sieur Pierre Tastet, privilegié par le Roy pour l'etablissement d'une fayencerie en la presente ville, une ordonnance rendue le trois du present mois par M. Bulle, subdelegué de cette ville, par laquelle il est donné deffaut contre M⁰ˢ les maire et jurats de ladite ville, pour ne s'estre pas presentés par devant luy pour nommer un expert de leur part, au lieu et place du sieur Mathieu, bourgeois et ancien maire de cette ville, en consequence, nomme d'office, pour expert des sieurs maire et jurats de ladite ville, la personne de Mᵉ Dureau de Lapouyade, procureur au senechal de Fronsac, à l'effet, serment prealablement prêté par devant M. Bulle, subdelegué, de proceder, conjointement avec ledit sieur Coste jeune, notaire royal de la ville de Saint-Emillion, expert nommé par ledit sieur Tastet, aux operations ordonnées par l'ordonnance de Monseigneur l'Intendant, du treize septembre dernier, laquelle ordonnance dudit jour troizième du courant, ledit sieur Tastet a, comme dit est, fait signifier de nouveau ce jour d'huy au procureur sindic, avec assignation au pied audit procureur-sindic à comparoir lundy prochain seize du present mois, à neuf heures du matin, par devant et en l'hôtel de M. Bulle, subdelegué, pour voir prêter le serment audit sieur Coste jeune et audit sieur Dureau, esperts susdits, en conformité de l'ordonnance cy dessus dattée ; au surplus, le procureur sindic observe qu'il a fait un pareil raport sur le registre, le six du present mois, au sujet d'une pareille signification, contenant assignation qui luy fut donnée à la requette du sieur Tastet, le même jour six du present mois, par ledit Lafaye, huissier, de laquelle nouvelle signification contenant assignation ledit procureur sindic fait le present raport sur le registre, pour être communiqué par Me Estienne Goudecheau, secretaire greffier de la communauté, avec la coppie de ladite ordonnance et nouvelle signification contenant assignation au pied, signée dudit Lafaye, sera à cet effet, remise par le procureur sindic audit sieur Goudecheau, secretaire, quy en demeure chargé, et le tout cy dessus dathé à Mrs les maire et jurats, aux fins d'y être par eux pourveu ainsy qu'il appartiendra, et a signé avec ledit sieur Goudecheau : CAMBAROT, procureur-sindic ; GOUDECHEAU, secretaire-greffier.

XXXIV. — **RAPPORT du procureur-syndic de Libourne et délibération de la Jurade protestant contre le rapport des experts.**

Archives municipales de Libourne, BB, 30.

Du 20 octobre 1758.

Ce jour d'huy vingtiesme octobre mil sept cens cinquante huit, dans l'hôtel de ville, en jurade, le procureur sindic a dit qu'il vient de lui être signiffié dans l'instant, par Arsans, huissier, à la requette du sieur Pierre Tastet, privilegié par le Roy pour la fayancerie lès la presante ville, le raport donné par le sieur Coste jeune, notaire royal de Saint-Emilion, expert nommé par ledit sieur Tastet et par le sieur Dureau, procureur au senechal de Fronsac, expert pris et nommé d'office par M. Bulle, subdelegué de la presente ville, pour M^{rs} le maire et jurats d'icelle, en date du dix sept du present mois, par lequel ces deux experts ont decidé que l'emplacement demandé par ledit sieur Tastet, joignant la verrerie, et dont est question pour y edifier une fayancerie, n'est ni utille ni necessaire à la communauté, soit pour y deposer le lest en sable provenant des navires, barques et autres batimens qui arrivent journellement chaque année au devant le port et havre de ladite presante ville, ni pour y deposer les canons pour y être eprouvés suivant l'usage ;-ils pretendent aussi que la foire des cochons peut se tenir soit au devant du terrein que ledit sieur Tastet pretend pour ladite fayancerie, soit à la porte de la terre, ditte Perigueux, ou à celle de Saint-Emillion ; au surplus lesdits experts ont fixé la valeur de l'emplacement du terrein en question à la somme de douze cens livres, lequel susdit raport d'expert et signiffication au pied d'icelle, signée Arsans, huissier, le procureur-sindic remet sur le bureau pour être veu et examiné par la magistrature, et requiert y être pourveu ainsi qu'il appartiendra, et a signé : Cambarot, procureur-sindic.

Sur quoy nous, maire et jurats, veu le raport ci dessus, en avons octroyé acte au procureur-sindic et protestons, comme autrefois, de la nullité et injustice des ordonnances rendues par le sieur Bulle, et de tout ce qui a eté fait en consequence, et notamment de l'injustice du susdit raport d'expert, lesquels dits experts ont procedé sans connaissance de cauze.

Fait à Libourne, dans l'hôtel de ville, ledit jour vingt octobre mil sept cens cinquante huit.

Lemoine, maire ; Arnaud, jurat ; Chaperon, jurat.

XXXV. — **LETTRE** de Bulle, subdélégué de Libourne à Tourny fils, intendant de Bordeaux, résumant la précédente procédure et concluant à l'approbation du rapport des experts.

Archives départementales de la Gironde, C., 1766.

A Libourne, ce 3 novembre 1758.

Monsieur, le sieur Vandebrande, ou quoique soit le sieur Tastet ayant demandé, pour établir une fayancerie, partie d'un emplacement qui regne le long de la rivière, les maire et jurats auxquels la requête fut communiqué, y trouvèrent de la difficulté.

Par votre ordonnance du 4 juillet dernier, il fut ordonné que le terrein dont s'agit seroit vu et visité par des experts convenus entre le procureur sindic et le sieur Tastet, lesquels experts declareront si le terrein demandé etoit necessaire ou utile à la ville et feroient l'estimation de sa valeur pour, le tout fait et remis, être ordonné ce qu'il apartiendroit.

L'execution de cette premiere ordonnance fut suspendue, à raison de certains arrengements proposez entre les parties; mais les maire et jurats ayant refusé ensuite de prendre en contrechange quelques fons que le sieur Tastet se proposait d'achepter, il vous presenta une seconde requête tendante à l'execution de l'ordonnance du 4 juillet.

Cette seconde requête fut repondue le 30 aoust d'un soit communiqué aux maire et jurats, qui se renfermèrent dans une deliberation prise en communauté dès le 21 juin, portant que cette concession seroit refusée.

Le 13 septembre, troisième ordonnance portant qu'en execution de celle du 4 juillet, les parties s'accorderoient d'experts dans trois jours pour tout delay, faute de quoi que votre subdelegué en nommeroit d'office.

Le 19, le procureur sindic nomma pour son expert le sieur Mathieu, prud'homme, et un des refusans recusa le sieur Coste Coty, espert du sieur Tastet.

Le sieur Tastet nomma un autre expert et recusa le sieur Mathieu comme partie interessée.

Le 20, je rendis une ordonnance qui donne au sieur Tastet acte de la nomination d'un second expert à la place du premier, et porte que les maire et jurats nommeront un expert non suspect et non interessé à la place du sieur Mathieu.

Les maire et jurats firent appel de mon ordonnance.

Le sieur Tastet s'etant encore pourvu par requête, intervint une ordonnance du 27 septembre, qui luy permet de faire proceder par provision au raport d'experts ; en execution de l'ordonnance du 13 du même mois et de celle que j'avois rendue le 20, l'expert d'office fut nommé.

Les experts pretèrent serment, procedèrent et remirent leur raport. Voicy ce qu'il contient :

1° L'emplacement vuide dont il s'agit a de longueur 201 piés sur 125 de large, et il reste un terrein assez large pour le chemin qui doit conduire à la rivière, passant entre la fayancerie et les douves.

2° Que le terrein designé pour la fayancerie est inutile à la ville soit pour le depôt des sables, soit pour la preuve des canons, pour être trop elevé ; c'est une place vuide, où il n'a jamais été deposé ny canon ny sable.

3° Aprez le terrein designé pour la fayancerie, vient le depôt des sables et aprez celui-cy, le long de la rivière, vient l'endroit où l'on depose et où l'on fait l'epreuve des canons.

4° Que les marchez de betail peuvent se tenir au devant même de la place designée pour la fayancerie, pour la place qui est à la porte Perigueux et à celle qui est porte Saint-Emilion, qui sont très spacieuzes.

Enfin les experts ont estimé l'emplacement designé pour la fayancerie la somme de 1.200 livres.

Je crois, monsieur, qu'il y a lieu de faire cette concession. La ville et les lieux circonvoisins y trouveront leur utilité, et la communauté y trouve son avantage par le prix de 1.200 livres, dont elle a même besoin. Dans la concession les maire et jurats se reserveront un même

cens, tel qu'on le paye par emplacement, avec les droits seigneuriaux.

J'ay l'honneur d'être, avec bien du respect, Monsieur, votre très
humble et très obeissant serviteur.

BULLE.

**XXXVI. — LETTRE de Tourny fils, intendant de Bordeaux au maire de Libourne,
l'informant de la communication au conseil de ville du rapport des experts.**

Archives municipales de Libourne, BB, 30, copie.

A Bordeaux, le 15 novembre 1758.

J'ay ordonné, monsieur, que le raport d'expert concernant l'emplacement de la fayancerie du sieur Tastet seroit notifié au conseil de
ville. J'ay pris ce party à fin que dans la concession vous puissiés
stippuller les interêts de la communauté plus avantageusement que je
n'aurois peu le faire par une ordonnance de rigueur. Je suis très parfaitement, monsieur, votre très humble et très obeissant serviteur.

Signé : DE TOURNY, et au dos est ecrit : à M. Lemoine Jeanty,
maire de la ville de Libourne.

**XXVII. — RAPPORT du procureur-syndic de Libourne et délibération de la Jurade
protestant contre l'ordonnance de l'intendant en faveur du sieur Tastet.**

Archives municipales de Libourne, BB, 30.

Du 25 novembre 1758.

Ce jour d'huy vingt cinquième du mois de novembre mil sept cent
cinquante huit, dans l'hôtel de ville, en jurade, le procureur sindic a
dit que le vingtième octobre dernier il fit un raport sur le registre de
la signification qui lui fut faite le même jour par Arsans, huissier,
d'un raport d'experts donné par le sieur Coste jeune, notaire royal de
la ville de Saint-Emilion, expert nommé par le sieur Tastet, priviligié

par le Roy pour l'etablissement d'une fayancerie en la presente ville,
et par le sieur Dureau, procureur au senechal de Fronsac, expert
pris et nommé d'office par M. Bulle, subdelegué de la presante ville
pour M^{rs} les maire et jurats d'icelle, en date du dix sept dudit mois
d'octobre dernier, par lequel ces deux experts ont decidé que l'emplacement demandé par ledit sieur Tastet, joignant la verrerie et dont est
question pour y ediffier une fayancerie, n'est ny utille, ny necessaire
à la communauté, soit pour y deposer lestets en sable, provenant des
navires, barques et autres batiments qui arrivent journellement chaque
année devant le port et havre de la presante ville, ni pour y deposer
les canons pour y être eprouvés suivant l'usage ; ils pretendent aussi
que la foire des cochons peut se tenir soit au devant du terrein que
ledit sieur Tastet pretend pour y edifier ladite fayancerie, soit à la
porte de la terre, ditte Perigueux, et à celle appellée de Saint-Emilion.
Au surplus, lesdits experts ont fixé la valeur de l'emplacement du
terrein dont est question à la somme de douze cent livres, sur quoi
la magistrature auroit octroyé acte au procureur sindic de son raport,
et protesté comme autrefois de la nullité et injustice des ordonnances
rendues par M. Bulle, subdelegué, et de tout ce qui a eté fait en
consequence, et notamment de l'injustice dudit raport d'experts, qui
ont procedé sans connoissance de cauze. Depuis, le sieur Tastet
s'estant pourvu devant monseigneur l'Intendant, mondit seigneur
l'Intendant auroit rendu une ordonnance le quinze de ce mois portant
que ledit raport sera notiffié à M^{rs} les maire et jurats, à l'effet de
regler la concession du terrein dont il s'agit relativement audit raport,
laquelle ordonnance, avec le susdit raport, ledit sieur Tastet auroit
fait signiffier ce jour d'huy par Arsans, huissier, auxdits sieurs maire
et jurats en la personne du procureur sindic, de quoi et de tout ce
dessus le procureur sindic a fait le present raport et rémis sur le bureau
le susdit raport d'experts, ladite ordonnance et signiffication au pied,
pour être veu et examiné, et requiert être pourveu sur le tout ainsi
qu'il appartiendra, et signé : GAMBAROT, procureur-sindic.

Sur quoi, nous, maire et jurats, veu la copie du raport d'experts ci-
dessus esnoncé, la copie de l'ordonnance de monseigneur l'Intendant, du

quinze de ce mois et la signiffication du tout faitte au procureur sindic, ce jour d'huy, ensemble le dire ci dessus du procureur-sindic, octroyons acte au procureur sindic du raport par lui cy dessus fait, et avant prononcer et statuer sur icelluy, avons déliberé qu'il sera fait à monseigneur l'Intendant de très humbles representations relatives à l'objet enoncé dans le susdit raport d'experts, à l'ordonnance de Sa Grandeur dudit jour quinze de ce mois, et à la lettre que mondit seigneur l'Intendant a eu la bonté d'écrire à M. le maire, en datte du même jour, quinze du present mois de novembre, qui sera ci après enregistré pour, sur la reponse de mondit seigneur l'Intendant, être deliberé ce qu'il appartiendra.

Fait à Libourne, dans l'hôtel de ville, ledit jour, vingt-cinq novembre mil sept cens cinquante huit.

LEMOINE, maire ; ARNAUD, jurat ; CHAPERON, jurat.

XXXVIII. — **DÉLIBÉRATION** du Conseil du Commerce sur une requête de Pierre Tastet au sujet de l'opposition faite par les maire et jurats de Libourne à l'établissement de la faïencerie.

Archives Nationales, série F¹² (Conseil du Commerce), 1497³.

Du 1ᵉʳ mars 1759.

Sur la requête présentée au Roi etant en son conseil par Pierre Tastet, bourgeois de Bordeaux, privilegié de Sa Majesté pour la fayancerie de Libourne, contenant que, pour faire son etablissement, il aurait prié les maire et jurats de Libourne de lui ceder un terrein moyennant un prix raisonnable ou en echange d'un autre terrein voisin et à leur bienseance, mais quoique le terrein qu'il demandoit joignant la verrerie ne soit d'aucune utilité à la ville et que le batiment qu'il veut construire pour une fayancerie feroit un ornement ainsy qu'en fait celui de la verrerie, les ennemis du supliant ont porté ces jurats à lui refuser toutes propositions. Cependant, ne pouvant imaginer de leur part aucune difficulté pour un etablissement qui est avantageux à la ville, il avoit acheté quantité de materiaux de toute espèce pour cette construction; independament de leur deperissement, il perd le fruit de son privilège depuis deux ans et voit son argent mort chez lui. Dans d'aussi tristes circonstances, il eut recours à l'Intendant de sa province qui, par son ordonnance du 4 juillet 1758, nomma le sieur Bulle, son subdelegué, pour faire voir et visiter le terrein en question par experts dont les parties conviendroient, sinon qu'il nommeroit d'office, lesquels experts declareroient si ce terrein est necessaire ou utile à la ville et feroient l'estimation de sa valeur.

Le supliant a fait signifier cette ordonnance, a nommé un expert, a sommé le sindic d'en nommer un; mille fuites et chicanes de la part des jurats; enfin le subdelegué a nommé des experts d'office; les jurats ont appelé à l'Intendant de l'ordonnance de son subdelegué; sur ce frivole appel, l'Intendant a ordonné, le 27 septembre 1758, qu'il seroit procedé par provision au raport d'experts, nonobstant l'opposition des jurats; cette nouvelle ordonnance leur a eté signifiée avec toutes les sommations; le raport a eté fait en consequence par les experts, et il resulte de leur procès verbal du 17 octobre 1758 qu'après un mûr examen des terreins en question, celui apartenant à la ville et demandé par l'etablissement de la fayancerie n'est d'aucune utilité à la ville, qu'il lui en reste au delà du necessaire pour le delestage des sables et l'épreuve des canons, et que la ville a des terreins moins incommodes pour elle et plus commodes pour le public, et au surplus, ces experts ont estimé ce terrein demandé par le sieur Tastet à la somme de 1.200 livres, à cause de sa proximité de la ville; ce raport a été notifié aux jurats en vertu d'une ordonnance du sieur Intendant, du 15 novembre 1758 Ce digne magistrat, qui sent egalement et l'importance de ce terrein pour l'etablissement d'une fayancerie extrêmement utile à la ville, et l'injustice du refus qu'on en fait, après avoir epuisé toutes les voyes de douceur et de conciliation et d'une autorité paternelle, voyant une obstination dangereuse dans les jurats, a lui même conseillé au sieur Tastet de se pourvoir au conseil.

A ces causes, le supliant requeroit qu'il plut à Sa Majesté lui conceder le terrein porté au procès verbal des experts du 17 octobre 1758, pour le prix de douze cent livres, dont le supliant fera rente au denier vingt au profit de ladite ville, avec privilège et hypothèque sur le batiment de la fayancerie qui y sera construit, si mieux n'aime Sa Majesté ordonner, en echange dudit terrein, celui au devant de la verrerie, qui est offert par le supliant, ce qui sera executé, non obstant toutes oppositions et empêchemens quelconques, sous les yeux et l'autorité du sieur commissaire general de la province, cependant condamner lesdits jurats et sindics aux depens et en tels dommages interêts que Votre Majesté jugera convenable pour leur indue vexation, le retard du travail de ladite fayancerie et le deperissement des materiaux que le supliant avoit amassés pour ledit etablissement.

Vu ladite requête, lesdites ordonnances et procès verbaux, et tout consideré, ouï le raport, le Roi etant en son conseil... [1]

XXXIX. — **LETTRE de Bulle**, subdélégué de Libourne, mettant en demeure les maire et jurats de cette ville de donner une réponse au sujet de l'établissement de la faïencerie.

Archives municipales de Libourne, BB, 30.

A Libourne, le 28 may 1759.

Messieurs, Le ministre desire sçavoir les raisons que vous avez de refuser au sieur Tastet la concession du terrain dont il a besoin pour l'etablissement d'une fayencerie. Cette affaire traîne depuis longtemps ; vous êtes instruits des ordonnances de Mgr l'Intendant, dont vous avez fait apel du procès verbal des experts qui en ont fait l'estimation ; tout vous a eté signiflié. J'ay voulu pour votre commodité vous faire passer le dossier entier ; hier votre secretaire refusa de s'en charger ; aujourd'huy vous avez refusé l'un après l'autre. Je juge de là que vous n'en avés pas besoin et que les pièces signifiées qui sont dans vos mains vous suffisent.

Je vous prie de me fournir incessament votre reponse, pour que

---

1. Voir l'arrêt du 10 juillet 1759 (p. 141).

M. l'Intendant puisse donner la sienne au ministre. J'ay l'honneur d'être avec respect, Messieurs, votre très humble et très obeïssant serviteur.

BULLE.

Et au dos est ecrit : A Monsieur les maire et jurats de la ville de Libourne, à Libourne.

XL. — **DÉLIBÉRATION** des maire et jurats de Libourne, en réponse à la lettre précédente.

Archives municipales, BB, 30.

Du 29 mai 1759.

Ledit jour vingt neufvieme may mil sept cens cinquante neuf, en assemblée generale convoquée en la manière accoutumée, a eté deliberé qu'en reponce à la lettre du sieur Bulle, subdelegué, en datte du vingt huit de ce mois, qui sera cy apres enregistrée, il sera expedié coppie en forme de la deliberation prise en assemblée generale, le vingt un du mois de juin de l'année dernière, à suite de laquelle on joindra un memoire expositif des raisons qui s'opposent non pas à l'etablissement, auquel on n'a jamais resisté, pourveu qu'il soit fait dans les formes requises, mais à la concession d'un terrain absolument necessaire à la communauté et qui ne l'est pas au sieur Tastet, puisqu'il a à sa disposition un autre terrain, sur lequel il peut ediffier sa fayancerie, ainsy qu'il resulte du dire dudit sieur Tastet du 31 juillet dernier, dont sera aussy expedié coppie pour être joint au memoire avec la deliberation dudit jour vingt un juin 1758 et à la presente, pour servir de pièce justifficative dudit memoire.

Fait et deliberé à Libourne, dans l'hôtel de ville, ledit jour vingt neuf may mil sept cent cinquante neuf, ainsy que de la lettre dudit sieur Bulle, et pour plus d'exactitude il sera envoyé à monseigneur le ministre un double du tout et Sa Grandeur suppliée de redimer la communauté des inquietudes et des entreprises dudit Tastet.

LEMOINE, maire ; REY, jurat ; CHAPERON, jurat ; CAMBAROT, procureur sindic ; MATHIEU, BELLIQUET, BARBOTTEAU, PIFFON, LARGETEAU, LAVAU l'aisné, DUPUY, ALEZAIS.

XLI. — **ARRÊT du Conseil d'État accordant à Pierre Tastet de passer contrat avec les maire et jurats de Libourne, pour l'aliénation du terrain nécessaire à l'établissement de la faïencerie.**

Archives départementales de la Gironde, C, 1766.

Du 10 juillet 1759.

Veu par le Roy estant en son conseil la requette presentée en icelluy par Pierre Tastet, bourgeois de Bordeaux, priviligié de Sa Majesté pour la fayancerie de Libourne, contenant que, pour faire son etablissement, il auroit prié les maire et jurats de Libourne de luy ceder un terrein moyennant un prix raisonnable ou en echange d'un autre terrein voysin et à leur bien scéance, mais que, quoique le terrein qu'il demandoit joignant la verrerie ne soit d'aucune utillité à la ville, et que le bâtiment qu'il veut construire pour une fayancerie seroit un ornement, ainsi qu'en fait celluy de la verrerie, les ennemis du supliant ont porté ces jurats à luy refuser toute proposition ; cependant, ne pouvant imaginer de leur part aucune difficulté pour un etablissement qui est avantageux à la ville, il auroit acheté quantité de materiaux de toute espèce pour cette construction, independament de leur deperissement, il pert le fruit de son privilège depuis deux ans et voit son argent mort ; de plus, dans d'aussy tristes circonstances, il eut recours au sieur Intendant de la province, qui, par son ordonnance du quatre juillet 1758, nomma le sieur Bulle, son subdelegué, pour faire voir et visiter le terrain en question par expert dont les parties conviendroient, si non qu'il les nommeroit d'office, lesquels experts declareroient cy le terrain est necessaire ou utille à la ville, et fairoient l'estimation de sa valeur. Le supliant a fait signiffier cette ordonnance, a sommé le sindic d'en nommer un ; mille suites et chicanne de la part des jurats ; enfin le subdelegué a nommé des experts d'office. Les jurats ont appellé au sieur Intendant de l'ordonnance de son subdelegué ; sur ce frivolle appel, le sieur Intendant a ordonné, le vingt sept septembre 1758, qu'il seroit procedé par provision au raport d'expert, nonobstant l'opposition des jurats. Cette nouvelle ordonnance leur a été signiffiée avec toutes les sommations, et ce raport a esté fait en consequence par les experts, et il resulte de leur procès verbal du vingt sept octobre 1758 qu'après un mur examen du terrein en question, celluy appartenant à la ville et demandé pour l'etablissement de la fayancerie n'est d'aucune utillité à la ville, qu'il luy en reste au delà du necessaire pour le delestage des sables et l'epreuve des canons, et que la ville a des terrains moins incommodes pour elle et plus commodes pour le public ; et qu'au surplus, ces experts ont estimé ce terrein demandé par le sieur Tastet à la somme de douze cens livres, à cause de sa proximité de la ville. Ce raport a esté notiffié aux jurats en verteu d'une ordonnance du sieur Intendant du 15 novembre 1758. Ce digne magistrat, qui sent egalement et l'importance de ce terrain pour l'etablissement d'une fayancerie extrêmement utille à la ville et l'injustice du refus qu'on en fait, après avoir epuisé touttes les voyes de douceur, de conciliation et de notorieté paternelle, voyant une obstination dangereuse dans les jurats, le supliant a esté conseillé de se pourvoir au Conseil. A ces cauzes, requerant le supliant qu'il plut à Sa Majesté homologuer et authoriser l'ordonnance dudit sieur Intendant du vingt sept septembre 1758 et le procès verbal des experts du vingt sept octobre suivant, lesquels seront executés selon leur forme et teneur, et en consequence ordonner que les officiers municipaux de ladite ville de Libourne seront tenus de passer contract de concession et d'alienation, au profit du supliant, du terrein appartenant à ladite ville, porté audit procès verbal du 27 octobre 1758, pour le prix de douze cens livres, dont le supliant fera la rente au denier vingt, au profit de la ville, avec privilège et hipothèque sur ledit terrein et batiment de la fayancerie qui y sera construit, si non et à faute de ce faire ordonner que l'arrêt qui interviendra tiendra lieu au supliant de contrat de concession et d'allienation dudit terrein, si mieux n'aime Sa Majesté ordonner en echange dudit terrein cellny au devant la verrerie qui est offert par le supliant, ce qui sera executé nonobstant toutes oppositions et empêchemens quelconques, sous les yeux et l'authorité du sieur Intendant et commissaire departy en la generalité de Bordeaux, cependant condemner les jurats et sindic aux depens, et en tel depens, dommages et interêts que Votre Majesté jugera convenable pour leur indue vexation et retardement du travail de ladite fayancerie et deperissement des materiaux que le supliant avoit amassé pour ledit etablissement, le memoire des officiers municipaux de laditte ville de Libourne servant de reponse à laditte requette, par lequel ils soutiennent : 1° que l'etablissement de la fayancerie ne peut avoir lieu qu'après l'enregistrement au parlement de Bordeaux du privilège accordé au sieur Tastet ; 2° que quand ce privilège seroit enregistré, la communauté ne pourroit aliener le terrain demandé par le sieur Tastet, parce que c'est un patrimoine de la communauté dont l'alienation luy est prohibée ; 3° que ce terrein n'est pas necessaire au sieur Tastet, puisqu'il luy appartient un autre terrein qu'il a offert à la communauté en contre echange, sur lequel il peut faire edifier sa fayancerie ; 4° que la communauté n'a pas d'autre terrein pour y deposer les sables du delestage, en execution d'un arrêt du Conseil du 26 juillet 1738 et pour faire l'epreuve des canons destinés pour le service du Roy ; que, d'ailleurs, ce terrein est un chemin public qui conduit au bord de la riviere de l'Isle, qui est necessaire pour la commodité et l'avantage du commerce. Veu aussi l'ordonnance du sieur Intendant de Bordeaux, du vingt sept septembre 1758, le procès verbal du raport d'experts en consequence de ladite ordonnance, du 27 octobre de ladite année, contenant l'estimation de la valeur dudit terrein, ensemble l'avis dudit sieur Intendant, par lequel il estime qu'il y a lieu d'accorder audit sieur Tastet ses conclusions pour l'alienation dudit terrein seulement, sans permetre l'echange qu'il offre de faire, attendu que c'est purement mauvaise humeur qui empêche lesdits officiers municipaux d'augmenter le patrimoine de leur ville d'une somme de douze cens livres, en laissant construire sur ledit terrein, qui leur est entierement inutille, une manufacture qui ne peut que faire l'avantage du pays en y attirant une nouvelle branche du commerce. Ouy le rapport du sieur de Silhouette, conseiller ordinaire au conseil royal, controlleur general des finances, le Roy estant en son Conseil a homologué et authorisé, homologue et authorise l'ordonnance du sieur de Tourny, intendant en la generalité de

Bordeaux, du vingt sept septembre 1758, et le procès verbal du raport d'experts du vingt sept octobre suivant, lesquels seront executés selon leur forme et teneur ; et en consequence, ayant aucunement egard à la demande dudit sieur Pierre Tastet, a ordonné et ordonne que les officiers municipaux de la ville de Libourne seront tenus dans un mois, à compter du jour de la signiffication de cet arrêt, de passer contrat de concession et d'alienation audit Tastet du terrein appartenant à ladite ville, contenu audit procès verbal du vingt sept octobre 1758, moyennant le prix de douze cens livres, dont ledit sieur Tastet fera la rente au denier vingt au profit de ladite ville, avec privilège et hypothèque sur le terrain et batiment de la fayancerie qui y sera construit, si non et à faute de ce faire dans ledit temps, ce icelluy passé, veut Sa Majesté que ledit arrêt tienne lieu audit sieur Tastet dudit contract de concession et d'alienation dudit terrain aux charges, clauzes et conditions ci dessus especifiées. Enjoint Sa Majesté au sieur Intendant et commissaire departy en la generalité de Bordeaux de tenir la main à l'execution du present arrêt, nonobstant toutes oppositions ou autres empechemens quelconques, pour lesquelles ne sera differé et dont si aucuns interviennent Sa Majesté s'en reserve la connoissance et à son conseil, et icelle interdit à toutes ses cours et autres juges.

Fait au Conseil d'Etat du Roy, tenu à Versailles le dix juillet mil sept cens cinquante neuf. Collationné et ainsi signé : DE VOUGNY.

Louis, par la grâce de Dieu Roy de France et de Navarre, à notre amé et féal conseiller en nos conseils, le sieur Intendant commissaire departy pour l'execution de nos ordres dans la generalité de Bordeaux. Nous vous mandons et enjoignons de tenir la main à l'execution de l'arrêt dont l'extrait est cy attaché sous le contrescel de notre chancellerie, cejourd'huy rendu en notre Conseil d'Etat pour les causes y contenues ; commandons au premier notre huissier ou sergent sur ce requis de signiffier ledit arrêt à tous qu'il appartiendra, à ce qu'aucun n'en ignore, et de faire en outre pour son entière execution, à la requette de Pierre Tastet, bourgeois de Bordeaux, par nous priviligié pour sa fayancerie de Libourne, y denommé, tous commandements, sommations et autres actes et exploits necessaires, sans autre permission, car tel est notre plaisir.

Donné à Versailles, le dix juillet l'an de grâce 1759 et de notre reigne le XXXXIIIIe. Par le Roy en son conseil, signé : DE VOUGNY.

Le dix du mois de septembre mil sept cens cinquante neuf, avant midy, nous Bernard La Faye, huissier audiencier reçu immatricullé au presidial et senechal de Libourne, y resident rue de Guitre, soussigné, signiffions bien et duement tout au long l'arrest rendue au Conseil d'Etat, le dix juillet dernier, ensemble la commission dudit jour, signée de même que le susdit arrêt de monseigneur de Vougny, dont coppie est ci dessus, et des autres parts, et ce à Me Pierre Cambarot, au nom et comme procureur sindic de la ville et communauté de Libourne, aux fins qu'il ne l'ignore, et sommé d'obeir audit arrêt dans le delay porté par icelluy, ce requerant ledit sieur Pierre Tastet, bourgeois de Bordeaux, privilegié de Sa Majesté pour la fayancerie de la ville de Libourne.

Fait au domicille dudit sieur Cambarot, procureur sindic de ladite ville de Libourne, parlant à sa servante qui a pris ces presentes. Par nous ainsi signé : LA FAYE, huissier.

XLII. — **RAPPORT** du procureur syndic de Libourne et délibération des maire et jurats de cette ville au sujet de l'arrêt précédent.

Archives municipales de Libourne, BB, 30.

Du 10 septembre 1759.

Ce jourd'huy dixiesme septembre mil sept cens cinquante neuf, dans l'hôtel de ville, en jurade, le procureur sindic a dit que le sieur Pierre Tastet, bourgeois de Bordeaux, priviligié par le Roy pour l'establissement d'une fayancerie lès la presante ville, luy a fait signiffier ce jourd'huy avant midy par Lafaye, huissier, un arrêt rendu au Conseil d'Estat de Sa Majesté, en date du dix juillet dernier, avec la commission prize sur icelluy en la grande chancellerie de France, en date du mesme jour, par lequel arrest le Roy etant en son conseil a homologué et autorizé l'ordonnance de monseigneur de Tourny, intendant en la generalité de Bordeaux, du 27 septembre 1758, et le procès verbal du raport d'experts du 27 octobre suivant, lesquels seront executés selon leur forme et teneur; en consequence, ayant aucunement egard à la demande du sieur Tastet, a ordonné que les officiers municipaux de la presante ville de Libourne seront tenus, dans un mois à compter du jour de la signiffication dudit arrêt, de passer contrat de concession et d'allienation audit sieur Tastet du terrein appartenant à ladite presante ville, contenue audit procès verbal du 27 octobre 1758, moyennant le prix de douze cens livres, dont ledit sieur Tastet fera la rente au denier vingt au profit de ladite ville, avec privilège et hypothèque sur le terrein et batiments de la fayancerie qui y sera construite, sinon et à faute de ce faire dans ledit temps, icelluy passé, veut Sa Majesté que ledit arrêt tienne lieu audit sieur Tastet dudit contrat de concession et d'allienation dudit terrein, aux charges, clauzes et conditions cy-dessus speciffiés; enjoint Sa Majesté à M. l'Intendant et commissaire departy en la generalité de Bordeaux de tenir la main à l'execution dudit arrêt, nonobstant toutes oppositions ou autres empéchements quelconques, pour lesquelles ne sera differé et dont si aucunes interviennent Sa Majesté s'en reserve la connaissance et à son conseil, et icelle interdit à toutes ses cours et autres juges, comme il appert de la coppie dudit arrêt et commission, le tout signé : DE VOUGNY. Et au pied du tout est la signiffication faite, comme dit est, ce jourd'huy avant midy audit procureur sindic par ledit Lafaye, huissier, lequel arrêt, commission et signiffication le procureur sindic remet sur le bureau et requiert qu'il luy en soit donné acte; au surplus, requiert que le conseil politique de la ville soit incessament assemblé pour luy donner connaissance dudit arrêt et pour être sur le tout deliberé ce qu'il appartiendra. A quoy conclud et a signé : CAMBAROT, procureur sindic.

Sur quoy, nous maire et jurats, veu ledit arrêt et commission prise en la grande chancellerie de France, en datte du dix juillet dernier, et la signiffication au pied faite ce jourd'huy au procureur sindic, à la requette dudit sieur Tastet, par Lafaye, huissier, octroyons acte au procureur sindic du raport par lui fait dudit arrêt ; en consequence, ordonnons que le conseil politique de cette ville sera convoqué par billets et au son de la cloche en la manière accoutumée, ce samedy prochain, à une heure de relevée, dans le present hôtel de ville, pour être deliberé ce qu'il appartiendra.

Fait à Libourne, dans l'hôtel de ville, ledit jour dix septembre mil sept cens cinquante neuf.

Fuilhade, maire ; Rey, jurat ; Chaperon, jurat ; Mathieu, jurat ; Alezais, jurat.

XLIII. — **DÉLIBÉRATION** de la Jurade de Libourne protestant contre le terrain attribué, par l'arrêt du Conseil d'État, à Pierre Tastet pour l'établissement de la faïencerie de cette ville.

Archives municipales de Libourne, BB, 30.

Du 15 septembre 1759.

Ce jourd'huy quinziesme du mois de septembre mil sept cens cinquante neuf, messieurs les maire et jurats, procureur sindic et secretaire estant entrés dans l'hôtel de ville, et messieurs les prudhommes du conseil politique, M. Dangereau, ancien maire, appellé en l'absence de plusieurs autres prudhommes pour faire le nombre requis, convoqués par billets et au son de cloche en la manière accoutumée, lecture faite tant du dire et raport du procureur, en datte du dix du present mois, que de l'arrêt du Conseil d'Etat du Roy y mentionné, en atte du dix juillet dernier, ouy ledit procureur sindic, a eté deliberé que, par les raisons alleguées à monseigneur l'Intendant le vingt cinq juin aussi dernier et à la vue du terrain demandé par le sieur Tastet pour l'etablissement d'une fayencerie, Sa Grandeur sera très humblement supplié de vouloir authoriser la communauté à faire de très humbles remonstrances à Sa Majesté sur la surprise pratiquée par ledit sieur Tastet pour l'obtention dudit arrêt, sans que la communauté ait eté appellée et ouye, ny advocat pour elle, et de permetre à la communauté de faire une deputation vers elle, aux fins de concerter les moyens à prendre pour la revocation dudit arrêt, qui ne peut qu'estre très prejudiciable à la communauté, par les raisons exposés et à exposer, sans être d'aucune utilité audit sieur Tastet, d'autant que, sans nuire ny prejudicier à ladite communauté, il peut parvenir à l'etablissement qu'il se propose en prenant le terrain qui joint la verrerie du côté du nord d'icelle, car il doit être indifferant audit sieur Tastet d'etablir sa manufacture au nord ou au midi de la verrerie.

Fait et deliberé à Libourne, dans l'hôtel de ville, ledit jour, quinziesme septembre, mil sept cens cinquante neuf. Ainsi signés : Fuilhade, maire ; Rey, Chaperon, Alezais, jurats ; Mathieu, jurat ; Cambarot, procureur sindic ; Belliquet, Piffon, Laveau, Durand, Monbouché, Dupuy, Chaperon, prudhommes, et Daugereau.

XLIV. — LETTRE des maire et jurats de Libourne à Tourny fils, intendant de Bordeaux, relative au terrain destiné à la faïencerie.

Archives départementales de la Gironde, C, 1766.

Monseigneur, Nous avons l'honneur d'envoyer à Votre Grandeur coppie de l'arrest du Conseil que le sieur Tastet a obtenu, avec la deliberation que la communauté a prise concernant cette affaire, qui est d'une consequence infinie pour elle, si en l'execution de cet arrêt elle est obligée de ceder le terrain demandé. Votre Grandeur, Monseigneur, à la vue des lieux fut surprise des demarches du sieur Tastet, qui ne cherche que son interest personnel, et nous osons esperer de sa justice qu'elle voudra bien nous honnorer de sa protection pour determiner ledit sieur Tastet ou à prendre le terrain qui joint la verrerie du côté du nord ou de prendre celluy du sieur Fourcaud, pour raison duquel nous sommes informés qu'il est entré en marché depuis le voyage de Votre Grandeur dans cette ville, le mois de juin dernier, dans lequel elle nous a fait la grâce de nous assurer qu'elle rendroit un nouveau compte au Conseil d'Etat de cette affaire.

Nous n'avons dans cette affaire d'autre veu que le plus grand bien de la communauté et du public, et nous nous conformerons en tout aux vues et aux intentions de Votre Grandeur.

Nous avons l'honneur d'être avec un très profond respect, Monseigneur, vos très humbles et très obéissants serviteurs.

FUILHADE, maire ; REY, jurat ; CHAPERON, jurat ; ALEZAIS, jurat ; CAMBABOT, procureur sindic.

A Libourne, le 17ᵉ septembre 1759.

XLV. — **LETTRE** de Tourny fils, intendant de Bordeaux, invitant les maire et jurats de Libourne à exécuter l'arrêt du Conseil d'État relatif à la faïencerie.

Archives départementales de la Gironde, C, 1766.

A Bordeaux, ce 18 septembre 1759.

J'ay reçu, Messieurs, avec votre lettre du jour d'hier expedition de l'arrêt du Conseil du 10 juillet dernier, qui confirme une ordonnance contradictoire que j'avois rendue pour l'emplacement de la manufacture de fayence dont le sieur Tastet a obtenu le privilège. Les difficultez que la jurade ont aportées à cet etablissement n'ont fait que de priver votre ville d'un genre de travail dont l'exercice doit y faire naître une nouvelle branche de commerce. Je ne puis donc m'empêcher vous porter à executer cet arrêt, à moins que le sieur Tastet ne veuille souscrire à d'autres arrangements, mais je desire très fort ne plus entendre parler de cette affaire, qui a eté très discuttée et qui n'a duré que trop longtemps. Je suis...

XLVI. — **LETTRE** de Trudaine, contrôleur général, à Boutin, intendant de Bordeaux, concernant une demande de Jean Michel Dumont, tendante à établir une faïencerie à Fronsac.

Archives départementales de la Gironde, C, 1766.

Ce 30 juillet 1765.

Monsieur, J'ay l'honneur de vous envoyer un memoire du sieur

Dumont, qui observe qu'il a établi une fayancerie sur les bords de la Dordogne, mais qu'il est troublé par le sieur Vandebrande, qui le menace de faire détruire son four ; il demande à être autorisé à continuer de faire valoir son etablissement ; je vous prie de vouloir bien me mander votre avis sur cette demande.

Je suis avec respect, Monsieur, votre très humble et très obéissant serviteur.

TRUDAINE.

XLVII. — **REQUÊTE de Jean Michel Dumont, faïencier, à Boutin, intendant de Bordeaux,** tendante à être autorisé à établir une faïencerie à Fronsac.

Archives départementales de la Gironde, C, 1766.

A Monseigneur l'Intendant de Bordeaux.

Monseigneur,

Jean Michel Dumont, originaire de Toulouse et habitant de Libourne, a eu l'honneur, à votre dernier passage par cette ville, de vous faire part d'un projet qu'il avoit formé d'etablir une manufacture de fayance à deux portées de fusil de Libourne.

L'exposant avoit consacré ses connoissances dans cette partie au service du sieur Brandes (*sic*), qui a une autre manufacture de fayance à la porte de la même ville de Libourne. Le sieur Brandes, après avoir fait passer à ses autres ouvriers la façon de travailler de l'exposant, a eu la dureté de le remercier. N'ayant d'autre ressource, pour subsister, que ses talents dans cette partie, l'exposant a imaginé de former une autre petite manufacture un peu plus loin de Libourne. Des amis, des personnes charitables l'ont secondé dans le projet ; il a loué la maison de Beller pour quatre cents livres ; il y a fait transporter pour près de huit cent livres de materiaux.

Votre Grandeur, Monseigneur, n'a vu d'autre inconvenient dans cet etablissement que la trop grande proximité de deux fayanceries, et elle a cru, d'ailleurs, que l'exposant devoit se faire authoriser pour la sienne par un arrêt du Conseil.

Qu'il lui soit permis, Monseigneur, de vous representer que, quand l'inconvenient seroit réel, il seroit moins fort ici que les motifs d'equité qui sollicitent en faveur de l'exposant. N'étant connu qu'à Libourne, ce n'est que pour une fayancerie à etablir dans Libourne même ou près de cette ville qu'il pouvoit trouver des secours. Ce seroit l'en frustrer, ce seroit luy rendre inutilles toutes les depenses qu'il a déjà faites et le ruiner par consequent, que de luy prescrire un etablissement eloigné.

Bergerac, Saintes, Angoulême, Moustier n'ont point, comme Libourne, ni une correspondance facile avec une grande ville comme Bordeaux, ni un port de mer, qui multiplient leurs debouchés pour la vente de la fayance.

Cependant, dans chacune de ces petites villes, il y a deux, trois et même sept manufactures de fayance.

La position, d'un côté, de l'exposant et les exemples, de l'autre, doivent, Monseigneur, en interessant pour luy votre equité, vous rassurer sur l'inconvenient du voisinage des deux manufactures. D'ailleurs, la manufacture de l'exposant ne sera longtemps qu'une petite manufacture, qui fera subsister à peine son entrepreneur.

Quant à l'arrêt du Conseil, les exemples qu'on vient de citer à Votre Grandeur semblent en dispenser l'exposant. Les directeurs des trois manufactures de Bergerac n'ont en d'autres titres pour les etablir que cette liberté, naturelle à tout citoyen, de chercher sa subsistance et son entretien en choses licites. Il en est de même de la manufacture qui vient de s'etablir dans cette ville, dans le faubourg Saint-Surin.

Ce n'est pas un magistrat comme vous, Monseigneur, votre administration nous rassure bien pleinement à cet egard, qui portera des atteintes à cette liberté si respectable.

L'exposant, dans la juste esperance d'obtenir de votre justice la permission qu'il luy demande, n'aura donc plus qu'à former des vœux pour la prosperité de Votre Grandeur.

XLVIII. — LETTRE de Jacques Philippe Vande Brande à Boutin, intendant de Bordeaux, protestant contre l'établissement d'une faïencerie à Fronsac.

Archives départementales de la Gironde, C. 1766.

A Monseigneur l'Intendant en la generalité de Guienne.

Jacques Philippe Vande Brande, proprietaire des Manufactures Royales etablies à Libourne, implore avec les plus vives instances la justice et la protection de Votre Grandeur contre le projet d'etablissement de la fayancerie que le sieur Dumont voudroit former aux environs de Libourne.

Le projet de cet ouvrier ne tend à rien moins qu'à faire tomber la manufacture de fayance de Libourne, dont l'établissement a couté des sommes immenses au supliant et ne lui a encore produit que beaucoup de perte. Ledit Dumont doit sçavoir que la petite ville de Libourne ne peut consomer le quart de la fayance qui s'y fait; il n'ignore pas aussi que le supliant n'en vend pas seulement de quoy payer ses ouvriers, et que cet article n'a aucun debouché à Bordeaux. Ainsi une seconde manufacture dans le même genre, dans un voisinage si immediat, en diminuant le debouché du supliant, agraveroit sa situation. Il n'a fait des depenses aussi considerables pour sa fayancerie que sur la foy des privilèges que Sa Majesté a bien voulu lui accorder. Quelque defavorable, Monseigneur, que soit dans une telle circonstance le projet de Dumont, combien plus le paroitra-t'il à Votre Grandeur, etant sollicité par un ouvrier qui, au lieu d'être attaché au supliant, en reconnoissance des bienfaits dont il l'a comblé, des fautes qu'il lui a caché, a la temerité et l'audace de l'accuser de dureté, et lui reproche d'avoir consacré ses connoissances à son service et de les avoir fait passer à ses ouvriers, tandis que le supliant peut prouver et constater que ledit Dumont lui a porté plus de neuf mille livres de pure perte et qu'il a manqué presque toute la marchandise qu'il a fait, qu'il a fallu jetter. Comment peut-il se plaindre, puisque ce n'est qu'après des pertes reiterées qu'il a eté congedié et qu'il sçait

que, suivant l'acte qu'il avoit passé avec le supliant, il l'avoit engagé
par notaire, et sous peine d'un dedit, à ne pas le renvoyer que par
cause d'incapacité averée. Si ledit Dumont a quelque connoissance
dans le genre, il les a acquises dans la manufacture du supliant, à
ses depends et à son detriment; il a non seulement eté forcé de le
congedier à cause de son incapacité, mais il ne pouvoit, selon Dieu,
garder chés lui un pareil ouvrier, qui menoit une conduitte criminelle
et qui merittoit punition, et ce n'est uniquement que par un esprit
de vengeance que cet ouvrier, qui n'a aucune faculté, voudroit engager le sieur Mathieu, de Libourne, à etablir une fayancerie dans son
bien de Fronsac, dont ce negociant seroit très surement la dupe. S'il
a envie d'une fayancerie, le supliant offré de luy vendre ou de lui
affermer la sienne.

Les exemples des fayanceries etablies à Bergerac et ailleurs, qu'il
citte, ne sont pas dans l'arrondissement des privilèges du supliant et,
ne lui portant pas de tort, il ne s'y est pas opposé.

Le sieur Dumont peut aussi bien faire valloir ses talents dans une
autre ville, et il peut porter sa fabrique à Sainte-Foy, où il y trouvera
d'autant plus son comte que audit lieu il aura un debouché, attendeu
qu'il n'y a aucune fayancerie, et ne nuira pas autant à celle de
Libourne.

Le supliant se rassure sur la justice de Votre Grandeur, et il espère
qu'elle refusera au sieur Dumont la permission qu'il lui demende et
qu'elle voudra bien lui defendre d'etablir aucune fayancerie à Fronsac
ny aux environs de Libourne.

VANDE BRANDE.

**XLIX. — LETTRE de Bulle, subdélégué de Libourne, à Boutin, intendant de Bordeaux,
émettant un avis favorable à l'établissement d'une faïencerie à Fronsac.**

Archives départementales de la Gironde, C, 1766.

A Libourne, ce 16 aout 1765.

Monsieur, j'ay lu les memoires des sieurs Dumon, tendant à l'eta-

9

blissement d'une fayancerie, et celuy de M. Vande Brande pour s'y oposer. J'ay visité le lieu où le sieur Dumon s'est dejà etabli. J'y ai vu un petit four, de la terre dans des fosses ou bassins, des ouvriers qui travailloient.

Il me semble que la question se reduit à savoir si M. Vande Brande a un privilège exclusif dans une etendue déterminée, auquel cas je crois qu'il pourroit s'oposer à la construction d'une manufacture de même nature dans cette etendue.

Mais s'il n'a pas un pareil privilège, que je ne crois pas, je croirois que chaque citoyen devroit avoir la liberté de faire usage de ses talens.

Si l'on consulte l'interêt public, il semble qu'il seroit avantageux que les manufactures de cette nature se multipliassent : la consommation s'en augmenteroit; il se batiroit dans les faubourgs de petites maisons; ces marchandises seroient moins chères. M' Vande Brande n'en peut guerre soufrir : il envoie aux isles la fayance; il convient qu'il en debite peu à Libourne.

J'ay l'honneur d'être, avec bien du respect, Monsieur, votre très humble et très obeissant serviteur.

BULLE.

L. — LETTRE de Boutin, intendant de Bordeaux, invitant Philippe Vande Brande à lui envoyer copie de son privilège.

Archives départementales de la Gironde, C, 1766,

Bordeaux, 27 aout 1765,

J'ai lu, Monsieur, le memoire que vous m'avez remis en reponse à celuy du sieur Dumon qui demande à etablir une fayancerie à Libourne. Vous y parlez des privilèges qui vous ont eté accordés, mais sans dire precisément en quoy ils consistent. Envoyez m'en donc une copie, après quoi je pourrai voir s'il vous a eté accordé un privilège exclusif dans un certain arrondissement.

Je suis, Monsieur, etc.

LI. — LETTRE de Bulle, subdélégué de Libourne, à Boutin, intendant de Bordeaux, au sujet du différend entre Philippe Vande Brande et son ouvrier Dumont.

Archives départementales de la Gironde, C, 1766.

A Libourne, ce 6 septembre 1765.

Monsieur, tout ce que j'ay su des discussions qui se sont passées dans la verrerie de M. Vande Brande se reduit à des menaces vives faites à Dumon par les verriers, à raison du mariage qu'il vouloit faire avec la fille qu'il a epousée. Ces verriers se rendirent chez moy en me disant qu'ils chasseroient Dumon ou qu'ils quiteroient tous, qu'ils alloient donner le choix à M. Vande Brande.

Dumon se maria et quita en effet. J'ignore si c'est par crainte ou si M. Vande Brande qui l'a congédié; mais je presume que c'est par accomodement, car je me rapele que, par la police passée entre M. Vande Brande et Dumon pour un certain tems, il y avoit une peine stipulée contre celuy qui n'executeroit pas la convention pour tout le tems stipulé.

Ce doivent être les verriers qui peuvent avoir dit que Dumon avoit tué sa femme. Je me suis informé du fait; personne n'en a entendu parler.

A l'egard des autres faits, personne encore ne m'en a voulu instruire. Quand, après la mort de sa femme, il aura vu la fille qu'il a epousée, je ne croirois pas que ce fut une preuve de mauvaises mœurs, autrement le nombre en seroit bien grand.

J'ay l'honneur d'être avec bien du respect, Monsieur, votre très humble et très obeissant serviteur.

BULLE.

LII. — LETTRE de J. Mathieu, négociant à Libourne, à Boutin, intendant de Bordeaux, pour justifier Dumont des calomnies de Vande Brande, et pièces annexes.

Archives départementales de la Gironde, C, 1766.

———

Libourne, le 9 septembre 1765.

Monseigneur,

Aiant appris que monsieur Bulle etoit allé visiter une petite faïancerie que j'ai fait construire dans mon bien de Baulieu sous la direction de Dumon, et qu'il avoit envoié chercher Dumon pour s'informer de divers faits, j'en ai parlé à monsieur Bulle, qui m'a simplement dit qu'on accusoit Dumon d'avoir tué sa première femme et d'avoir eu un commerce illicite avèc la seconde du vivant de la première.

Pour detruire les impressions qu'on a voulu donner sur l'homicide de sa femme et que le sieur Brande l'avoit chassé, j'ay l'honneur de vous envoier copie d'une lettre du sieur Brande, ecrite à Dumon le 22 decembre 1764, d'une lettre par lui ecrite à monsieur notre curé, et si vous doutés, Monseigneur, de la verité des copies, je partirai pour Bordeaux pour vous presenter les originaux. On voit par ces lettres que le sieur Brande, bien loin d'imputer la moindre chose au sieur Dumon, luy fait entendre qu'il donne ses ordres aux verriers de rester tranquilles et qu'il l'exorte à travailler dans sa fayancerie.

Et par la lettre qu'il ecrit à monsieur notre curé, il lui marque n'y avoir nul inconvenient qu'il marie ledit Dumon avec la seconde femme qu'il a prise ; il veut même que lui et sa seconde femme habitent tranquillement dans sa faïancerie. Je me suis informé, avant de m'engager avec Dumon, de son caractère : nul voisin n'a entendu qu'il en eut mal uzé avec sa première femme, ni qu'il eut eu pendant sa vie un commerce avec sa seconde. Ce sont les ennemis jurés de cè pauvre homme, les verriers, qui peuvent avoir debité ces calomnies.

J'ay aussi l'honneur d'y ajouter l'extrait mortuaire de sa femme, du 23 juin 1764, avec l'extrait batistaire de la fille du second mariage de Dumon du 8 mai 1765 : c'est-à-dire que cet enfant est venu au monde onze mois après la mort de la première. Si la censure des mœurs influoit sur les etablissements, monsieur Vandebrande devroit faire chez lui une grande reforme.

Monsieur Vandebrande a-t-il quelques privilèges exclusifs? Dans ce cas tout cessera. Et s'il n'en a pas, comment peut-il se mettre en tête d'exclure toute faïancerie, parce qu'il en prendra ombrage? J'ai voyagé, Monseigneur, j'ai veu dans le même lieu trois ou quatre faïenceries, et je crois que, chaque citoien aiant la liberté d'user de ses talents, les loix doivent proteger ses entreprises au lieu de decourager le commerce au prejudice même d'un tiers qui voudroit tout envahir.

D'après ses eclaircissements, j'espère, Monseigneur, que vous approuverés mon procedé et que Dumon restera tranquille.

J'ai l'honneur d'être avec un très profond respect, Monseigneur, votre très humble et très obeissant serviteur.

J. Mathieu.

Coppie d'une lettre ecrite au sieur Dumon
par monsieur Vande Brande.

Du 27 decembre 1764.

J'ay recommandé à monsieur Tastet de tâcher de concilier les esprits afin que vous soyés tranquille, et il me l'a promis. Il m'a paru fâché des soupçons que vous avés eu sur son compte, et encore plus des reprimandes que je lui ay faites; mais ne faites semblant de rien et allez au devant de luy. Au reste, je vous conseille d'attendre encore quelques jours à conclure votre affaire, pour luy donner le temps de disposer les esprits et de les adoucir.

Monsieur Tastet m'a dit qu'il vous etoit aisé, si vous le vouliez, de me donner pour la première fournée le porte-montre doré pour le seigneur en question. Les choses demandées et attendues n'ont aucun merite; j'ay un peu d'or de reste, je vous l'envois pour le dorer et finir pour le donner au premier jour. Je suis pressé pour l'envoye d'un gros party de fayance; j'ay fait faire les caisses; je vais à Bordeaux pour faire cet assortiment. Aussy, au nom de Dieu, pressés et hatés les fournées et metés y ce qu'il y aura de mieux, afin que j'en profite pour mon envoye, le vaisseau ne pouvant attendre. Je vous prie d'engager monsieur Dechamp à me contenter en fesant mouler les figures que je luy demande par la lettre que je luy ecris, qu'il vous communiquera. J'ay l'honneur d'être votre serviteur. Signé à l'original : VAN DE BRANDE.

Coppie d'une lettre ecrite par monsieur Vande Brande
à monsieur le curé de Libourne.

Du 4 janvier 1765.

Monsieur, comme je suis indisposé, je ne me lève qu'à onze heures, et il en etoit huit lorsque vous me fites l'honneur de venir à la maison, et sy je n'avés appris votre depart, je n'aurés pas manqué d'aller vous rendre mes devoirs.

Monsieur Tastet m'a marqué que les verriers etoient tranquilles et ne disoient plus mot à Dumont; aussy je ne vois pas aucun inconvenient qu'il epouse, dès que sa conscience y est interessée, et qu'il habite avec sa femme tranquilement dans sa chambre à la fayancerie. Je profitte de cette occasion pour vous renouveller les assurances du respectueux attachement avec lequel j'ay l'honneur d'être, Monsieur, votre très humble et très obeissant serviteur. Signé à l'original : VANDE BRANDE.

Extraits des registres des baptémes et sepultures
de l'eglise paroissiale de Saint-Jean-Baptiste de Libourne.

L'an 1764 et le 23e juin, est decedée sur cette paroisse, après avoir reçu les sacrements, Anne Pradel, âgée de cinquante quatre ans, epouse de sieur Michel Dumons, directeur de la fayancerie de cette ville, et a eté inhumée le lendemain dans cette eglise, en presence d'Elies David, sacristain et de Guillaume Souchet, qui ont declaré ne sçavoir signer, de ce interpellés par moy.

Signé : HOOGHSTOEL, curé de Libourne.

L'an 1765 et le 8ᵉ mars, je soussigné ay baptisé une fille de sieur Jean Michel Dumons, ancien directeur de la fayancerie de cette ville, et de Françoise Grandet, son epouse, habitants de cette ville. Elle est née ce matin à quatre heures ; on lui a donné le nom de Marie. Son parrain a eté Pierre Grandet et marraine Louise Lacave, qui ont déclaré ne sçavoir signer, de ce interpellés par moy.

Signé : Hooghstoel, curé de Libourne.

Lesquels extraits, je soussigné, curé de laditte eglise paroissiale, certifie avoir eté tirés mot à mot desdits registres, sans y avoir ajoutté ny diminué.

En foy de quoy, à Libourne, ce 8ᵉ septembre 1765.

Hooghstoel, curé de Libourne.

LIII. — LETTRE de Boutin, intendant de Bordeaux, à Trudaine, contrôleur général, donnant un avis favorable au maintien de la faïencerie de Fronsac.

Archives départementales de la Gironde, C, 1766.

A Bordeaux, ce 10 septembre 1765.

M. — J'ai reçu la lettre que vous m'avés fait l'honneur de m'ecrire le 30 juillet dernier, le memoire par lequel le sieur Dumont se plaint de ce que le sieur Vande Brande le trouble dans une fayancerie qu'il a etablie sur les bords de la Dordogne et demande d'être autorisé à continuer de la faire valoir. Il resulte des éclaircissements qui m'ont eté fournis à ce sujet que le sieur Vande Brande s'opposoit en effet à l'etablissement formé par le sieur Dumont, sur le fondement que ce dernier, qui travailloit auparavant dans une manufacture de fayence que le sieur Vande Brande a etablie depuis quelques années à Libourne, il a eté obligé de le renvoyer à cause du tort considerable qu'il lui avoit occasionné par rapport à plusieurs cuittes qu'il avoit manquées, ou par incapacité, ou par mauvaise volonté, et parce que cet ouvrier menoit d'ailleurs une fort mauvaise conduite. Ces faits me paroissoient bien suffisants pour avoir autorisé le sieur Vande Brande à renvoyer son ouvrier; mais, outre qu'ils ne sont pas constatés, je ne vois pas qu'il puisse l'empêcher de faire valoir ailleurs ses talens pour se procurer la subsistance. Le sieur Dumont a trouvé à Libourne des secours, au moyen desquels il a formé une fayencerie auprès de cette ville. Ceux qui le lui ont fournis ou qui se sont associés avec lui l'ont probablement jugé capable de reussir. Le sieur Vande Brande ne peut pas beaucoup en souffrir, parce que les fayences de sa manufacture s'exportent aux isles, et le public trouveroit son avantage dans la multiplication de ces etablissements. Dans ces circonstances, Monsieur, je ne vois aucun inconvenient de permettre au sieur Dumont de continuer à faire valoir sa manufacture; il suffirait que vous me chargeassiés de lui faire sçavoir et d'avertir le sieur Vande Brande qu'il n'est pas fondé à l'y troubler.

Je suis avec respect…

LIV. — LETTRE de Trudaine, contrôleur général, à Boutin, intendant de Bordeaux, approuvant le maintien de la faïencerie de Fronsac.

Archives départementales de la Gironde, C, 1766.

A Paris, le 19 septembre 1765.

Monsieur, J'ay reçu la lettre que vous m'avez fait l'honneur de m'ecrire, le 10 de ce mois, au sujet des representations faites par le sieur Dumont sur ce que le sieur Vande Brande cherche à l'inquieter dans l'etablissement qu'il a formé d'une fayancerie sur les bords de la Dordogne. Je pense, comme vous, que le sieur Vande Brande n'est point fondé à vouloir gêner le sieur Dumont dans son exploitation. Je vous prie de vouloir bien faire sçavoir à cet entrepreneur que l'etablissement du sieur Dumont est aprouvé par le Conseil et qu'il ne doit y former aucun obstacle.

Je suis avec respect, Monsieur, votre très humble et très obeissant serviteur.

TRUDAINE.

LV — LETTRE de Boutin, intendant de Bordeaux, à Philippe Vande Brande, l'informant que la faïencerie de Fronsac est autorisée.

Archives départementales de la Gironde, C, 1766.

A Bordeaux, ce 28 septembre 1765.

M. de Trudaine me marque, Monsieur, que le Conseil a approuvé l'etablissement d'une fayencerie que le sieur Dumont a entreprise à Libourne. Dans ces circonstances, comme vous n'avez pas de privilège exclusif, vous ne pouvez y mettre d'obstacle. Il vous reste à faire en sorte que votre manufacture soit montée de manière que, du côté de la perfection des ouvrages, elle ne puisse souffrir de cette concurrence qui est autorisée pour l'emulation et pour l'interét public.

Je suis très parfaitement...

LVI — LETTRE de Boutin, intendant de Bordeaux, à Dumont, l'informant que la faïencerie de Fronsac est autorisée.

Archives départementales de la Gironde, C, 1766.

A Bordeaux, ce 28 septembre 1765.

M. de Trudaine m'ecrit, Monsieur, que le Conseil a approuvé l'etablissement de la fayencerie que vous avez commencé à former sur les bords de la Dordogne. En consequence, vous pouvez suivre votre entreprise et je ne puis trop vous engager à prendre de justes mesures pour sa réussite.

Je suis...

10

LVII — **VENTE** de marchandises de la faïencerie de Libourne consentie par Jacques Vande Brande, gentilhomme verrier, à Thérèse Renard, épouse Noiraux, de Libourne.

Archives départementales de la Gironde, Notaires, minutes de Guy,
notaire à Bordeaux.

Par devant les conseillers du Roy, notaires à Bordeaux, soussignés, fut present sieur Jacques Vandebrande, gentilhomme verrier patanté de Sa Majesté, demeurant à Bordeaux, sur les Chartrons, paroisse Saint-Remy, lequel a, par ces presentes, vendu à demoiselle Therèze Renard, epouze separée quant aux biens du sieur Antoine Noireau, marchand de la ville de Libourne, d'icy absente et accepté pour elle par ledit sieur Noireau, son mary, en vertu de la procuration speciale qu'elle luy a donnée et dans laquelle il l'a autorisée, passée par devant M° Isambert, notaire royal à Libourne, le vingt huit septembre dernier, controlé audit lieu le lendemain, dont une expedition en forme a eté remise par ledit sieur Noireau, après qu'il l'a eu contresignée *ne varietur* en presence des notaires, et est demeurée cy-jointe pour être transcritte à suite des expeditions des presentes, ledit sieur Noirot à ce present, c'est à savoir de toute la marchandise en biscuit, celle en crud, des deux chevaux, paillé, foin, plomb, étein, calcine, sables, bois et toutes les drogues qui sont dans le magazin du biscuit dependant de la fayancerie que ledit sieur de Vandebrande a etablie dans ladite ville de Libourne et propres à la fayance, plus de toute la fayance faite et estante dans le magazin de ladite fayancerie, conformement à ladite procuration, ledit sieur Vandebrande se reservant seulement un poële de fayance, douze daizaines d'assiettes à son choix, pour vingt quatre livres d'argent, d'autres marchandises de fayance au prix marchand, plus de toutes les statues, figures, cignes, vases à oran ger au nombre de six, les pots de chambre qui sont dans le pavillon, plus des moules, des outils et de tous les ustanciles de la fayancerie qui ne sont point compris en la presente vente, pour de tout le sur plus des dites drogues et marchandises cy-dessus vendues et enoncées dans ladite procuration, jouir, faire [jouir] et disposer par la demoiselle

Noireau, comme de choze luy appartenante, reconnoissant que le tout est en sa possession, et elle aura la faculté de faire fabriquer les drogues dans le cours de six mois de ce jour, au bout duquel temps ladite demoiselle Noireau sera tenue de vuider la fayancerie dudit sieur Vandebrande de tous les objets qu'il luy a cy-dessus vendus, fabriqués ou à fabriquer. Cette vente ainsy faite et acceptée moyennant la somme de quatre mil six cents livres, laquelle somme ledit sieur Noireau oblige ladite demoiselle, son epouze, de payer audit sieur Vandebrande, dans le cas ou les billets cy après enoncés faits par ledit sieur Noireau ne seroient pas reguliérement acquités à leurs echéances. Et pour plus grande sureté audit sieur Vandebrande du payement de ladite somme, ledit sieur Noireau declare se rendre personnellement garant et caution envers ledit sieur Vandebrande pour ladite demoiselle Noireau, son epouze, dont il fait son affaire propre et particulière solidairement avec ladite demoiselle, son epouze, lui seul pour le tout, sous les renonciations requises aux benefices de division, ordre de droit et de discution qui luy ont eté expliquées et qu'il a dit bien entendre, et voulant liberer la demoiselle son epouze, et luy aussy du payement de ladite somme de quatre mil six cens livres, il a commancé par payer à la decharge dudit sieur Vandebrande la somme de cent livres au sieur Tastet, et pour les quatre mil cinq cens livres réstantes il a fait douze billets de differantes sommes, dattés du jour d'hier, à l'ordre dudit sieur Vandebrande et payables au domicile du sieur Nicolas, marchand, rue du Pont-Saint-Jean, à Bordeaux, cauzés pour valeur reçue en quittance, à differantes echéances, dont la dernière est pour tout novembre mil sept cens soixante douze, lesquels douze billets signés par ledit sieur Vandebrande, qui les a pris et retirés à la vue des notaires, et de ladite somme de quatre mil six cens livres il tient quitte ladite demoiselle Noireau, payés et acquittés que soient toutes fois lesdits billets à leurs echéances, jusques auquel payement ledit sieur Vandebrande se reserve son privilège et hipothèque special et primitif sur les effets et marchandises cy dessus vendus; et en outre ledit sieur Noireau, audit nom, oblige, affecte et hipothèque audit payement, non seulement tous les biens meubles et immeubles, droits et actions de ladite Renard, son epouze, en vertu de ladite procuration, mais encore tous les biens meubles et immeubles, marchandises et autres effets, qui appartiennent personnellement au sieur Noireau, tant qu'une obligation derroge à l'autre, qu'il a soumis à justice.

Fait et passé à Bordeaux, en l'etude de Guy, l'un desdits notaires, l'an mil sept cens soixante dix, le trente decembre avant midy, et ont signé : VANDE BRANDE, vandeur ; NOIRAUX ; RAUZAN ; GUY.

LVIII — LETTRE de Favereau, subdélégué de Libourne, à Dupré de Saint-Maur, intendant de Bordeaux, concernant un projet d'établissement d'une faïencerie à Lussa c par Henri Seguin.

Archives départementales de la Gironde, C. 1766.

Libourne, ce 4 juillet 1780.

Monsieur, La requette du sieur Henry Seguin, fayancier, a eté envoyée au sindic de Lussac, qui m'a marqué n'avoir pu concilier le fayancier avec le proprietaire du terrein qui lui a paru propre aux operations de son art. Ce sindic ne me marque point ce que le proprietaire veut de son terrein ni ce que le fayencier en a offert, mais dans cette discordance il me propose un expertage. La seule difficulté à cet egard consiste dans le choix des experts. Je ne connois qu'un fayancier ici que l'on me propose pour expert : je crois qu'il seroit plus simple, si vous adoptez, Monsieur, cet expertage, de nommer deux notaires de l'endroit ou des environs, qui sont les plus propres à ces sortes d'operations par les connoissances qu'ils ont de la valeur intrinsèque des fonds de leur district.

J'ai l'honneur d'être avec respect, Monsieur, votre très humble et très obeissant serviteur.

FAVEREAU.

LIX — ORDONNANCE de Dupré de Saint-Maur, intendant de Bordeaux, autorisant le sieur Seguin à prendre chez les propriétaires des terres et sables pour la faïencerie de Lussac, et lettre du même à Favereau, subdélégué de Libourne, sur le même objet.

Archives départementales de la Gironde, C, 1766, minutes.

Bordeaux, ce 12 juillet 1780.

Vu la requête à nous presentée par le sieur Henry Seguin, entrepreneur d'une fabrique de fayence dans la paroisse de Lussac, affin qu'il lui soit permis de prendre dans ladite paroisse les terres et sables qui pourront convenir à ses ouvrages, se soumettant à payer aux proprietaires l'indemnité qui sera par nous reglée, nous avons permis et permettons au supliant de prendre lesdites terres et sables dans les lieux qui seront specialement designés par le sieur Favereau, notre subdelegué au departement de Libourne, auquel nous mandons d'entendre prealablement les proprietaires, de les faire convenir de gré à gré de l'indemnité qui leur sera payée par le supliant, sinon de la faire evaluer par experts qui seront choisis par notre dit subdelegué.

Fait à Bordeaux, ce — juillet 1780.

A M. Favereau.

Bordeaux, dudit jour.

Je vous renvoie, Monsieur, la requête par laquelle le sieur Henry Seguin, qui a entrepris une fabrique de fayence dans la paroisse de Lussac, demande la permission de prendre la terre et le sable qui pourront convenir à ses ouvrages, moyennant un dedommagement au proffit des possesseurs. Il est juste de favoriser les arts ; mais en même temps on doit respecter le droit de proprieté : c'est pourquoi, par l'ordonnance que j'ai jointe à cette requête, j'ai limité les fouilles que cet entrepreneur pourra faire aux seuls droits que vous aurez designés, après avoir fait convenir les parties de l'indemnité des proprietaires de gré à gré, sinon par des experts que vous pourrez choisir, soit un notaire du pays ou autre estimateur. Je suis...

TABLE DES NOMS

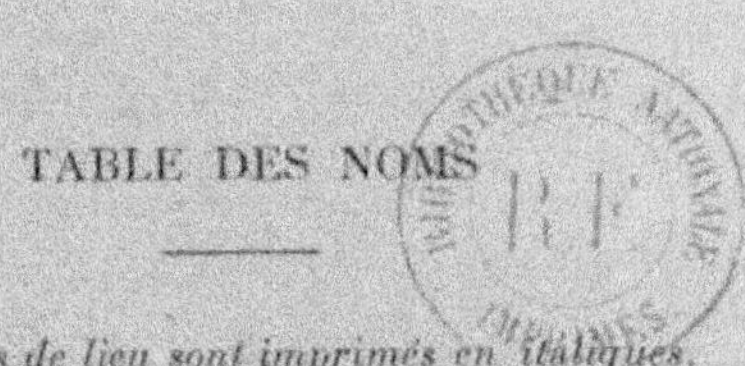

Les noms de lieu sont imprimés en italiques.

Agenais, VI, XIX, LIX.

Alezais, prud'homme à Libourne, 52, 59, 60, 61.

Allemant-Lagrange (Jacques), XXXIX.

Amérique, IX, XXVI, XXVII, XXIX, 13, 18, 23.

Angleterre, V, XIX, 4, 5.

Angoulême, XXV, 63.

Angoumois, XXVI.

Antilles (les), XIV, XXVI, XXVII.

Ardus (Tarn-et-Garonne), XXV, XXXV.

Arnaud, jurat, 26, 28, 37, 40, 42, 44, 49.

Arsans, huissier, 44, 47, 48.

Artigues (les) (Gironde), LIV.

Auch (Gers), XXXIX.

Audibert de Lussan, archevêque, 11.

Aunis, XXVI, XXXV.

Auvillars (Tarn-et-Garonne), XXV.

Azam (Dr), VI, XXV.

Bagnères (Hautes-Pyrénées), 17.

Barbotteau, prud'homme de Libourne, 52.

Bas-Quercy, XXXV.

Bassens (Gironde), XXXVI.

Bayonne, VI.

Bazadais, VI, XVIII, XIX, LIX.

Bazas (Gironde), VI, XVIII.

Beaulieu (domaine de), voy. *Fronsac*.

Beautiran (Gironde), XXIII.

Beautiran (Bon de), voy. Guil.-Jos. de Saige.

Bebin, notaire, XXXVII.

Belliquet, prud'homme, 26, 28, 52, 60.

Bergerac, XXV, XXXV, XXXIX, XL, XLV, XLVI, 63, 65.

Beyez, procureur, 27.

Biais (E.), archéologue, XXV.

Biganos (Gironde), XVIII.

Bigot (U.), XLI.

Blanc, verrier, XVIII.

Boisseau, éditeur, XLVII.

Boissière (Jean), écuyer, XVI.

Bonnard (Marianne), XVI.

Bordeaux, V, VI, VII, VIII, XI, XII et suiv., 3, 13, 63 et suiv.

— Église Saint-André, XI.

— Église Saint-Michel, XV.

— Église Saint-Rémi, XI, XII.

— Généralité, VI.

Bordelais, VI, XVIII, XX, LIX.

Bourg (Gironde), XVIII, 3, 4.

Boutin, intendant, 61, 62, 64, 65, 66, 67, 68, 71, 72, 73.

Briqueville, faïencier, XXXV.

Bourguignon (Marie-Angélique), LVIII.

Bullé (Léonard), subdélégué, XXXII, LI, LII, 44, 45, 24 à 68 passim.

Cahors, XIX.

Calcat, écrivain céramiste, XXXIX.

Cambarot (Pierre), procureur-syndic, 29, 36, 38, 40, 42, 43, 44, 48, 52, 58, 60, 61.

Castelnau-de-Cernès (Gironde), XVIII.

Castillon (Vte de), LIV.

Challon, cultivateur, 7, 9, 30, 36.

Chalosse, XXXV.

Chaperon, jurat, 26, 28, 29, 30, 37, 39, 42, 44, 49, 52, 59, 60, 61.

Charentes (les), XXV.

Charlemagne, XLVII.

Chastillon, dessinateur, XLVII.

Châteauneuf (Charente), XXVI.

Ciboure (Basses-Pyrénées), VI.

Clamageran, verrier, xviii.

Clérissy (Claude), faïencier, lvii, lviii.

— (Jean-Baptiste), faïencier, lviii.

Cognac, xxv, xxvi.

Comin, xxvii.

Corbineau (E.), directeur d'école, xlvi, liv.

Coste, expert, 35.

Coste jeune, notaire, 36, 37, 38, 39, 43, 44, 45, 47.

Coutras (Gironde), xxi, xxii, xlvii, 6, 7, 9, 33.

Grouigneau (Thérèse), xxxvi, xxxvii.

Crouzat, faïencier, xxxv.

Dangibeaud (Ch.), archéologue, xxv.

David (Elies), sacristain, 70.

Dax, vi.

Deaugereau maire, 26, 59, 60.

Decaze, maire et jurat, 8, 9, 26, 28.

Dechamp (Mr.), 70.

Delft (Hollande), xxvii, xxxvi.

Demay, jurat, 26.

Deslandes (Mr.), 13, 16, 17.

Désobinaux, verrier, xviii.

Despiet, notaire, xvi.

Dordogne (la), rivière, ix, xxi, xxviii, xlvii, xlviii, liv, lv, lvi, 18, 71, 73.

Drouyn (Léo), archéologue, xlvii, lv.

Ducourneau, historien, lv.

Dufau, jurat, 26, 28, 30, 37.

Dulos, notaire, xxxvii.

Dumont (Gabriel), faïencier, xxxviii, lii.

— (Jean-Michel), faïencier, xxxvii à liii passim, 61 à 73 *passim*.

— (Michel), xxxviii.

Dunkerque, x.

Duprat, notaire, lvii, lviii.

Dupré de Saint-Maur, intendant, lvi, 76, 77.

Dupuy, prud'homme, 26, 28, 60.

Durand, prud'homme, 26, 60.

Dureau de Lapouyade, procureur, 41, 42, 43, 48.

Duvivier (famille), xv.

États-Unis (Amérique), xxvi.

Expilly (abbé d'), xlvii, liv.

Eysines (Gironde), xvii.

Faize (abbaye de), voy. *Lussac*.

Favereau, subdélégué, lvi, 27, 76, 77.

Ferbos, grand vicaire, 12.

Féret (Édouard), xlviii, xlix, lv.

Fontémoing (Mathieu), négociant, xii.

Forestier (Ed.), archéologue, xxv.

Fouberg (Balthazar), verrier, xviii.

Fouque (Charles), xxxviii.

Foucaud (Jean), négociant, xxiv, xliv, 30, 36.

Fourneau (Marguerite), xxxvii.

Fronsac (Gironde), vi, vii, xxx, xxxvi, xxxvii, xli, xlii, xliii, 41, 42, 62, 64, 65.

— *Beaulieu* (domaine de), xl, 68.

— faïencerie, xlvii à liii, 61 à 73.

Fronsac (Vte de), xlvii.

Fronsadais, ix.

Fuilhade, prud'homme et maire, 26, 28, 29, 59, 60, 61.

Gardépée (Charente), xxvi.

Garonne (la), xix, xxviii.

Gascogne, vi, xx, xxv, xxvi, lix.

Gassies, archéologue, lv.

Gerspach, écrivain, xviii, xix, xx.

Giraudet (Françoise), xli.

Gironde :

— Archives départementales, viii, xxiii, xxxvi, xxxvii, lvii, 11 à 77 *passim*.

— Société des Archives historiques, viii.

Goudecheau, notaire, 41, 42, 43.

Grandet (Françoise), lii, 71.

Grandet (Pierre), 71.

Gras (J.-B.), archiviste, xxii.

Gueyrard, bourgeois, 34.

Guinodie, historien, ix, x, xxii, xliii, xlviii, liv, lv.

Guîtres (Gironde), xlvii, 25.

Gurchy (G.), négociant, xlix.

Guy père, notaire, xxiii, xliii, 74, 76.

Guyenne, vi, xx, xxvi, xxix, 12, 13, 22, 23.

Henri IV, xlvii.

Hollande, xii, xxvi, xxvii, xxxvi.

Hooghstoel, curé de Libourne, 70, 71.

Hustin (Jacques), faïencier, VI, XVII, XXV, XXVI, XXVIII.
— (Denis-Ferdinand), XXVIII, XXXIV, XXXV, XXXVI, XXXVII, XXXVIII, XLI, XLII, LVIII, 13, 15, 16, 18, 19, 20, 21, 22.

Isambert, notaire, 74.
Isle (l'), rivière, XXI, XXIII, XLVII, XLVIII, LIV, LV, LVI, 30, 55.
Isle Saint-Georges (Seigneur de l'), voy. Guil.-Jos. de Saige.

Jouannet (F.), XLVIII.
Jouin (abbé), XXVI.

Labadie (Ern.), V, VI, XXV, 3.
Lacave (Louise), 74.
Lacoste fils, notaire, LVII.
Lacroix, écrivain céramiste, XXVI.
Lafay, prud'homme, 26, 28.
Lafaye (Bernard), huissier, 36, 38, 40, 41, 42, 43, 58.
Lafon, jurat, 8, 9, 10.
Lafond (Paul), archéologue, XXV.
Landes (les), XX, XXV.
Langon (Gironde), XVIII.
Languedoc, XIV, XXXVIII, XXXIX, LIII.
Laprade (Bon de), voy. Guil.-Jos. de Saige.
Largeteau, prud'homme, 26, 52.
La Rochelle, XXV, XXVI, XXXV, XLVI.
Lassabathie, verrier, XVII, XVIII.
Lassus (Angélique), XV.
Lassus (famille de), XX.
Lassus de Saige (Angélique), XI.
Laveau l'aîné, prud'homme à Libourne, 32, 60.
Lemoine, jurat et maire, 9, 10, 26, 27, 31, 32, 33, 44, 47, 52.
Le Patissier, faïencier, XXXV.
Lequin de Saint-Remy, jurat, 9, 10.
Lespinasse (Pierre), négociant, XVI.
Le Tourneur, conseiller du roi, 3, 4.
Libournais, VI, VII, IX.
Libourne (Gironde), VI, VII, VIII, IX et suiv., 3 et suiv.
— Archives municipales, 6, 8, 27 à 50 *passim.*

— Église Saint-Jean-Baptiste, XI.
— Le Fourat, 6, 8, 9, 25.
Ligardes (Landes), VI.
Lignac, verrier, XVIII.
Lignan (Gironde), VI.
Limousin, V.
Longueville (famille de), XLVIII.
Louis, architecte, XVI.
Louis XV, XLVIII, LIV.
Louisiane, XXVI.
Lussac (Gironde), VI, VII.
— faïencerie, LIV à LIX, 76 à 77.
— *Faize* (abbaye de), LIV, LV.

Madagascar, XXVI.
Machault (de), conseiller du Roi, 5.
Magne, bourgeois, 30, 36.
Maignan (Joseph), faïencier, LVII, LVIII.
Maillot, biographe, XXXVIII.
Malvezin (Th.), historien, XVI, XVIII, XIX, XXIII.
Marans (Charente-Inf.), XXXV, XLVI.
Marc (Pierre), faïencier, XLI, XLII.
Marseille, XLV, LVII.
Mathieu (Jean), négociant, XXX, XLII, XLVIII, XLIX, LI, LII, LIII.
Mathieu (Jean), maire et prud'homme, 26, 28, 37, 38, 40, 42, 45, 46, 59, 60, 65, 68, 69.
Meilhan (Lot-et-Garonne), VI.
Meller (Pierre), XLIX.
Mende (Lozère), XXXVIII.
Mennecy-Villeroy (Seine-et-Oise), porcelainerie, XXXVII.
Meynard, verrier, XVII, XVIII.
Michel (Jean), peintre, XXXVIII.
Mistral, LVI.
Mitchell (Pierre), verrier, XVII, XVIII.
— (Vve), verrier, XVI, XXI, XXVIII, 6, 17.
Monbouché, prud'homme de Libourne, 60.
Monsempron (Lot-et-Garonne), VI.
Montauban, XXV.
Montfort (Simon de), XLVII.
Montpellier, XXXVI, XLV, LVIII.
Moustiers (Basses-Alpes), VII, XXXVIII, XLV, LVII, LVIII, 63.
Musset (E.), XXV.

Nantes, XXVI.

Naples, XX.

Navarre (de), lieutenant-général, 29.

Négrepelisse (Tarn-et-Garonne), XXV.

Nérac (Lot-et-Garonne), VI.

Nevers, V, XXVI, XLV, XLVI.

Nicolaï (A.), archéologue, LIV.

Noireau (Antoine), négociant, XLIII, 74, 75, 76.

Normandie, XXVI.

Opery, verrier, XVIII.

Paris, XIX.

— Archives nationales, VIII, 3, 4, 22, 49.

Paty (famille de), XV.

Pauillac (Gironde), XVIII.

Pays-Bas, XII, XXVII.

Perchin, peintre en faïence, XXXIX, XL.

Périgord, VI, X, XXV, XXX, XXXV, XLII, LIX.

Périgueux, XLVII.

Perrens, notaire, XXXVII.

Peyresse de Moras, conseiller d'État, 23.

Piffon, prud'homme, 26, 28, 52, 60.

Piganeau (Émilien), archéologue, XLVIII.

Podensac (Gironde), VI.

Pomarède (Jeanne), XXXVIII.

Pomerol (Gironde), IX.

Pompéi, XX.

Poncet, curé, XII.

Pontenx (Landes), VI.

Pradel (Anne), XXXVIII, XLI, LII, 70.

Pressac (Gironde), XVIII.

Pressac (Jean), XXXVIII.

Provence, XXVII.

Paynormand (Gironde), LIV.

Querey, XIX, XLII.

Rauzan, notaire, 76.

Renard (Thérèse), XLIII, 74, 76.

Requin (abbé), écrivain céramiste, LVIII.

Restait (M. de), 17.

Rey, prud'homme et jurat, 26, 28, 29, 37, 39, 40, 42, 59, 60, 61.

Richelieu (famille de), XLVIII.

Richelieu (maréchal de), 24.

Rideau, notaire, XXXVII, XXXIX.

Ris-Paquot, écrivain céramiste, XXV.

Robert (Élie), faïencier, XXXVI, XXXVII, XLII.

— (Jean), faïencier, XXXVII.

— (Pétronille), XXXVI.

Roquépine, baron de Samadet (abbé de), XXXV.

Rouen, V, VII, XXVI, XXVII, XLI, XLVI.

Rougé, faïencier, XXXV.

Rousseuq (Pierre), faïencier, XXXV.

Roussillon, XIV.

Sabastier (Gaston), collectionneur, XIX.

Sadirac (Gironde), VI.

Saige (famille de), XV.

Saige (Angélique), XI, XV.

— (François-Arnaud), XVI.

— (Guillaume-Joseph de), XV, XXVII.

— (Jean), XV, XVI.

Saint-Émilion (Gironde), IX, LV, LVIII, 34 à 48 passim.

Saint-Gobain (Aisne), XIX, XXI.

Saint-Macaire (Gironde), XVIII.

Saint-Maurice (Landes), VI.

Saint-Médard (Seigneur de), voy. Guil.-Jos. de Saige.

Saint-Savin (Lot-et-Garonne), VI.

Saint-Symphorien (Gironde), XVIII.

Saint-Yrieix (Limousin), V.

Sainte-Foy-la-Grande (Gironde), VI, XLVI, 65.

Saintes, XXV, XXXV, XXXVII, 63.

Saintonge, X, XX, XXV, XXVI, XXX, XLII.

Samadet (Landes), VI, VII, XXV, XXXV, XLII, XLV.

— (baron de), voy. Roquépine.

Sansané (Antoinette), XVI, XXIV.

— (Jean), XVI, XVII.

— (Jean-Baptiste), XVI.

Saramon (Gers), XXXIX.

Saxe, XLV.

Seguin (Henry), faïencier, LVI, LVII, LVIII, 76, 77.

Sentex (Dr L.), archéologue, XXV.

Serafou, jurat, 8, 9.

Sèvres (manufacture de), 12.

Souchet, négociant, 6, 9.

Souchet (Guil.), 70.
Souffrain, historien, IX, XLIII.
Strasbourg, XLV.

Tallemon, huissier, 37, 39.
Tastet (Pierre), manufacturier, IX, XXVII à XXXII, XLI à XLV, 12 à 75 *passim*.
Terre-Neuve, XIV.
Thévenot du Vivier, verrier, XVIII.
Toulouse, VIII, XXXVIII, XXXIX, XLI, LII, 62.
Tourlaville (Manche), XVIII, XIX.
Tourny (Aubert, marquis de), intendant, XXII, XXXII, 4, 8, 10, 14, 16, 17, 20.
Tourny fils (Aubert, marquis de), intendant, 24, 27, 28, 31, 32, 33, 45, 47, 60, 61.
Trigant, procureur-syndic, 8.

Trudaine, surintendant, 14, 16, 20, 21, 22, 61, 62, 71, 72, 73.

Vacher, conseiller du Roy, 27.
Vande Brande (J.-Ph.), IX et suiv., 3 et suiv.
— (François), XVI.
Van den Bergen, XII.
Van den Bergen-Bose (Agnès) XII, XV.
Vayres (Gironde), XLVII.
Venise, XIX.
Versailles, 57.
Vidal (Joseph), faïencier, LVII.
Vilaris (Marc-Hilaire), pharmacien, V.
Villandraut (Gironde), XVIII.
Villeneuve-Saint-Georges, 12.
Nougry (de), conseiller d'État, 57, 58.

Würzbourg, XVIII.

TABLE DES MATIÈRES

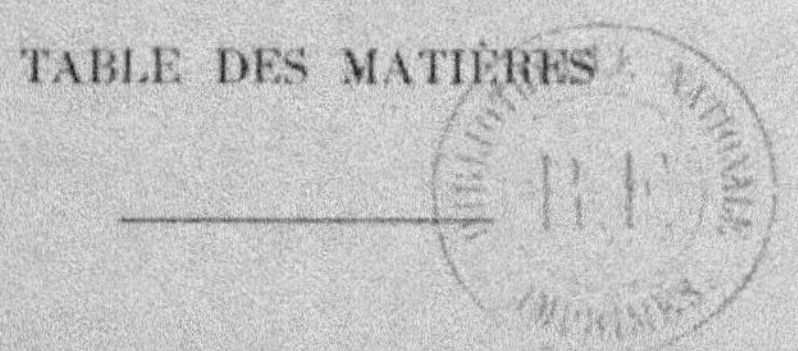

Frontispice.

Avant-Propos. V

§ 1. — Faïencerie de Libourne (1760-1770). IX

§ 2. — Faïencerie de Fronsac (1765-?). XLVII

§ 3. — Faïencerie de Lussac (1780-?). LIV

Pièces justificatives. 1

Table des noms. 79

MACON, PROTAT FRÈRES, IMPRIMEURS